한가락 시조집 27

그려 마초옵사이다

한가락 모임 지음

도서출판 다운샘

「이 도서의 국립중앙도서관 출판예정도서목록(CIP)은 서지정보유통지원시스템 홈페이지(http://seoji.nl.go.kr)와 국가자료공동목록시스템 (http://www.nl.go.kr/kolisnet)에서 이용하실 수 있습니다.
(CIP제어번호: CIP2017009869)

국립중앙도서관 출판예정도서목록(CIP)

고려 마초ᄋᆞᆸ사이다

지은이: 한가락 모임. -- 서울 : 다운샘, 2017
p. ; cm. -- (한가락 시조집 ; 27)

권말부록: 歷史探訪講論資料 ; 한가락 찾아간 차례
ISBN 978-89-5817-371-7 04810 : ₩17000
ISBN 978-89-5817-245-1 (세트) 04810

한국 현대 시조[韓國現代時調]

811.36-KDC6
895.715-DDC23
CIP2017009869

책머리에

한가락 모임은 우리 선조들 중 올곧고 바르게 사시다 간 분들의 유적(遺跡)을 찾아다니며, 그 분들의 정신(精神)과 자취를 돌아보고 공부하고, 공부한 내용을 우리 문화 중 가장 우리다운 것 중의 하나인 시조(時調)로 짓고 부르고, 유적지(遺跡地)를 오가며 여행 중에 있었던 일들을 기행문에 담아 일 년에 한 번씩 책으로 엮어내고 있으니, 일종의 문화 사업이면서 자신을 돌아보는 수행(修行)이기도 하다. 맨 처음 성이헌공을 탐방(探訪)했던 때부터, 지난번 평택 장안동 연안(延安) 차청송공(車靑松公)을 모시는 의덕사(懿德祠)의 탐방까지 삼백이십삼 회, 스물일곱 해가 흘렀고, 오늘이 그 스물일곱 번째 창립기념일(創立記念日)이며, 스물일곱 번째 시조집이 출판(出版)되는 날입니다.

이제껏 매달 한 번씩 찾아가 27년이 되어 그간 회원들 중에는 시조 시인으로 또는 문인협회 회원으로 활동하며, 개인 시조집을 비롯하여 한시집, 삼국사기 삼국유사를 연구하여 거기에서 나오는 여러 사연을 사자성어(四字成語)로 만들어 『삼국사기 삼국유사의 우물물』이라는 책을 발간하는 등 여러 저술 활동을 해왔습니다.

물론 이에는 우리들을 이끌어주시는 중관 선생님의 절대적인 지도에 힘입은바 크며, 그 큰 수고로움을 간과할 수 없는 사실입니다. 다시 한 번 깊은 감사의 말씀을 드립니다. 그리고 매번 자료를 제공해 주시고, 자리를 마련해 주신 문중 분들이 있었기에 가능한 일이었으며, 우리 회원들 또한 한 분 한 분 정성을 다해 원고(原稿)를 내어주셔서 또 한권의 책이 발간되기에 이르렀습니다. 매번 책이 나올 때마다 멋진 표지그림을 그려주신 현석 이호신 화백님, 책을 예쁘게 꾸며주신 다운샘 김영환 사장님 고맙습니다. 감사합니다.

단기 4350(2017)년 4월 28일

한가락 회원 경우수

● 중관(中觀) 최권흥(崔權興) 선생님
06677
서울특별시 서초구 방배천로 62,
204호 동천서숙 (02)702-2553

▲ 한가락 스물여섯 돌 잔치(4349. 4. 29)

● 고룡(古龍) 맹치덕(孟致德)
1958년 전북 남원 생
중원중학교 교사 (010-5517-7822)

● 욕천(浴川) 최장호(崔章鎬)
1963년 전남 곡성 생
건강보험심사평가원
(010-8001-6150)

● 노산당(魯山堂) 전향아(全香阿)
강원도 평창 생
한가락 총무(010-5177-8557)

● 갑고(甲皐) 홍영표(洪永杓)
1930년 경기 강화 생
경제학 박사(010-4949-3416)

● 안일당(安一堂) 이원희(李元熙)
1949년 경기 안양 생
동천서숙 총무 (010-2299-4380)

● 설전(雪荃) 임준신(任準臣)
1939년 서울 생
설전화실원장 (010-3722-1888)

● 우인(又仁) 경우수(慶佑秀)
1948년 서울 생
자영업 (010-5225-6135)

● 가산(佳山) 임봉훈(任奉壎)
1931년 경북 상주 생
한글+漢字文化 顧問(011-854-6322)

● 오남(梧南) 이종관(李鍾寬)
충북 청주 생
(010-3012-7288)

● 서천(抒洊) 조경휘(趙京彙)
1952년 서울생
삼락서실 (010-9101-4990)

벼 리

고려 마초읍사이다

312. 학정서원(鶴亭書院)에서

삼진날 올리는 절
깊은 뜻 있으렸다

옛 어른 잘 섬기고
남기신 글이 좋아

오늘도 읊어보나니
선비의 길 아니랴

최중관

▲ 학정서원

▲ 경재공묘에서

▲ 경재공묘

▲ 두고정

312. 鶴亭書院(학정서원)

學亭書院在全羅北道任實郡青雄面九皐里洪敬齋公追
학 정 서 원 재 전 라 북 도 임 실 군 청 웅 면 구 고 리 홍 경 재 공 추

慕處也公諱鵬南陽人高麗太師殷悅之后匡定公南陽府
모 처 야 공 휘 붕 남 양 인 고 려 태 사 은 열 지 후 광 정 공 남 양 부

院君諱奎之十世孫考諱碩舫禮曹參判生父諱巨舫參判
원 군 휘 규 지 십 세 손 고 휘 석 방 예 조 참 판 생 부 휘 거 방 참 판

公兄司僕寺主簿以中宗三十四年己亥生公天資穎敏器
공 형 사 복 시 주 부 이 중 종 삼 십 사 년 기 해 생 공 천 자 영 민 기

宇端正孝友出天極盡其誠鄉人莫不稱之及長字大游好
우 단 정 효 우 출 천 극 진 기 성 향 인 막 불 칭 지 급 장 자 대 유 호

讀書特留心於性理之書學已成就不意科業別搆草屋扁
독 서 특 유 심 어 성 리 지 서 학 이 성 취 불 의 과 업 별 구 초 옥 편

以敬字幅巾藜扙吟哦其間滿壁圖書尤嗜史書以論前輩
이 경 자 폭 건 려 장 음 아 기 간 만 벽 도 서 우 기 사 서 이 론 전 배

優劣時人邪正著東國世家二卷又著河圖贊洛書贊合一
우 렬 시 인 사 정 저 동 국 세 가 이 권 우 저 하 도 찬 낙 서 찬 합 일

篇遠近士類聞風向慕咸稱南州高士也父母之喪三年居
편 원 근 사 류 문 풍 향 모 함 칭 남 주 고 사 야 부 모 지 상 삼 년 거

廬先祀之奉亦殫其誠祭田所收之穀藏之別庫以備祭需
려 선 사 지 봉 역 탄 기 성 제 전 소 수 지 곡 장 지 별 고 이 비 제 수

之辨祭時所供之醬沈於別器封置淨處不使妻孥混於日
지 변 제 시 소 공 지 장 심 어 별 기 봉 치 정 처 불 사 처 로 혼 어 일

用也配全州李條女有三男三女宣祖三十年丁酉三月二
용 야 배 전 주 이 조 녀 유 삼 남 삼 녀 선 조 삼 십 년 정 유 삼 월 이

十五日卒享年五十九墓在青雄面玉田里先塋也讚曰
십 오 일 졸 향 년 오 십 구 묘 재 청 웅 면 옥 전 리 선 영 야 찬 왈

南道谷風花信侵　鶴亭書院一車尋
남 도 곡 풍 화 신 침　학 정 서 원 일 거 심

飛檐瓦屋七賢奉　享事晩春三日臨
비 첨 와 옥 칠 현 봉　향 사 만 춘 삼 일 임

孝悌至誠庭訓守　河圖贊述洛文斟
효 제 지 성 정 훈 수　하 도 찬 술 락 문 짐

別樓草舍扁之敬　萬世咸稱高士欽
별 루 초 사 편 지 경　만 세 함 칭 고 사 금

312. 학정서원(鶴亭書院)

학정서원은 전라북도 임실군 청웅면 구고리에 있다. 홍경재공을 추모하는 곳이다. 공의 휘는 붕(鵬)이요 남양인이다. 고려태사 은열(殷悅)의 후손으로 정공 남양부원군 휘 규지(奎之)의 10세손이다. 고의 휘는 석방(碩舫)이요 예조참판이다.

생부는 거방(巨舫)으로 참판공의 형이다. 사복시 주부로서 중종(中宗) 34년 기해에 공을 낳았다. 하늘로부터 받은 성품이 영민하여 품행이 단정하여 효도와 우애는 하늘로부터 나와 지극히 정성을 다했다. 마을에서 칭찬하지 않는 사람이 없었다. 어른이 되어 자를 대유(大游)라 하고 독서하기를 좋아했다.

특히 성리서(性理書)에 마음을 두고 학문을 이루어 나갔다. 과거엔 뜻을 두지 않고 초가집을 얽어놓고 편액을 경자(敬字)로 걸어놓고 두건을 쓰고 지팡이를 짚고 시를 읊으며 책으로 벽면을 가득 채워 놓았다.

더욱 사서(史書)를 즐겨 논하니, 때에 사람들이 간사하거나 바르거나 선후배 사이의 우열을 가려서 말하였다.

저서로 동국세가(東國世家) 2권과 또 하도(河圖)를 찬하였고, 낙서(洛書)를 찬하니 합 1편이 되었다. 멀고 가까이에 있는 선비들 사이에 소문이 나니, 모두 사모하며 남쪽 고을의 높은 선비라 칭하였다.

부모님의 초상에 3년을 여막을 짓고 시묘를 살았다.

제사를 받들 때엔 항상 정성을 다하였고 밭에다 심고 거두기를 특별하게 하였다.

항상 창고에 제수를 분별하여 갖추어 놓고 제사 때에 쓸 장과 그릇을 깨끗하게 보관해 두기를 종과 부인에게 섞이지 않도록 하였다.

부인은 전주이씨 이조의 딸이다 3남 3녀를 두었다. 선조 30년 정유 3월 25일에 졸하니 향년 59세였다.

산소는 청웅면 옥전리 선영에 있다. 기려 노래하노니,

남쪽 길 봄바람에 꽃 소식이 침범하는데
학정서원을 한 수레가 찾았도다.
나는 듯한 처마 기와집은 7현을 받들고
춘 삼월 삼일에 제사 일에 임하였도다.
효도와 지극한 정성으로 가훈을 지켰고
하도낙서 찬한 글은 다시 찾아보는도다.
특별이 초옥에 깃들어 편액에 경자를 썼으니
만세토록 다 칭하기를 높은 선비로 공경한다네. 전

말 모아 글이 되고
글 모아 책이 되니

올리는 음식이라
따로이 심고 거둬

언제나 삼월 삼짓날
이어지는 봄 제사

노산당 전향아

냇물이 이르는 곳
바다가 아니겠나

봉우리 높고 높아
모두들 우러른다

큰 선비 남기신 자취
다시 한 번 새긴다

갑고 홍영표

어진이 찾은 들뫼
봄비가 넉넉한데

즈믄 길 옛 벗 할배
반가운 한가락들

귀하다 남기신 글이
선비 집안 이로다

안일당 이원희

노란 꽃 웃음 속에
마을이 밝아진다

큰 어른 모시는 날
날씨도 맑고 높아

향촉에 불을 지피니
동네 사람 큰 잔치

설전 임준신

나달이 오고감과
어버이 섬기는 맘

꿰뚫어 깊이 앎이
이웃에 넓게 퍼져

가르침 높은 선비로
길이길이 받드네

우인 경우수

봄기운 내리쬐는
언덕 위 자리한 곳

글 읽던 그 자리에
큰 어른 맑은 소리

본받아 익혀두려고
절 올리며 기리네

가산 임봉훈

제비가 온다는 날
봄비가 반갑도다

어지신 어른 섬김
반듯한 집안이라

남기신 빼어난 글이
더욱 귀한 보배다

오남 이종관

학정서원(鶴亭書院)에서

세온열두 번째 한가락 모임
때 : 4349(2016)년 4월 9일, 토요일, 맑음
곳 : 학정서원 - 전라남도 임실군 청웅면 구고리

역사탐방 312회째 날 사당동 10번 출구 7시 출발, 이른 출발이라 멀리서 오시는 분들의 불참은 어쩔 수 없다.

오늘 행사는 그동안 한가락 회원으로 활동하던 두고 홍봉성 씨가 귀향하여 농사를 짓고 있는 곳으로, 전남 임실에 있는 학정서원으로 초대를 받아 가는 길이다.

10여 년 전 공무원으로 근무하던 홍봉성 씨가 귀향한다기에 모두들 놀랐지만 본인의 고향이라 그런지 잘 적응하며 농사일을 해내고 있으니 감사할 따름이다.

학정서원은 우리가 공부할 홍경재공을 비롯하여 최씨, 이씨 3성을 모시는 곳으로 봄 제사는 꼭 삼월 삼짇날에 지낸다.

마침 오늘이 바로 봄 제사를 지내는 날로 토요일이라 우리가 초대받아 올 수가 있었다. 한가락 역사탐방일을 맞추려고 10년을 기다렸다는 두고 선생의 말씀에 가슴이 뭉클해진다.

각처에서 최씨, 이씨, 홍씨 세 성씨들이 모여들었으니 많이 북적될 것이니 우리 한가락도 늦으면 안 되겠기에 행사시간 11시에 맞추려고 열심히 달리고 있다.

모든 넉넉함이 피어남은 꽃의 웃음 때문일 게다. 꿈을 주고, 행복을 주고, 꽃노래에 취하여 꿈을 꾸게 하는 봄이 좋다.

벚꽃으로 만발한 봄 길의 화사함이 보는 이의 마음까지도 넉넉하게 해주

니, 사계절 중에서도 나는 봄을 으뜸으로 치고 싶다.

달리는 차속이면서도 환경이 사람의 기분을 이토록 바꿀 수가 있다고 생각하니 오늘 탐방도 좋은 일로만 가득하게 채워질 것임을 마음이 먼저 알고 절로 흥이 난다.

목적지에 다가갈 즈음 저 멀리서 손을 흔들며 두고 회원이 서있다.

급한 마음에 한참을 서서 기다리고 있었던 모양으로 달려와 반갑게 맞이해 주신다.

일단 학정서원으로 먼저 가서 오늘 봄 제사에 참석하였다.

조그마한 서원으로 마당이 넓지 않고 담장이 둘러져 있어서 많은 사람이 모두 들어설 수가 없었다. 축관의 소리에 맞추어서 세 성씨 중 한집안씩 나아가 배 흥에 맞추어 절을 하고 나중엔 세 성씨가 모두 합절을 하면서 끝나는 형식이었다.

제사를 마치고 음복을 하면서 점심은 바로 아래 가정집에서 준비를 해놓았으니 그리로 가서 드시라 일러주신다.

정성을 다하여 차려주신 점심을 고마운 마음으로 맛있게 먹고, 우리들만의 공부를 하기 위하여 홍경재공의 산소로 갔다.

그리 높지 않아 차가 산소입구까지 갈 수가 있었다.

산소는 두고 선생의 손길로 잘 다듬어져 있었다. 조상님들 산소 돌보며 다듬는 일은 두고가 시골로 내려온 이유 중 하나이다.

우리는 참배를 올리고 지세를 살피며 좌청룡 우백호의 설명을 듣고 단체사진을 찍었다.

이제는 내려가 준비해온 자료로 공부할 차례이다.

두고 선생 집 앞에 정자를 하나 얽어 놓았는데 이름이 두고정이다. 두고정 현판글씨를 내가 써주었는데 오늘 와서 보니 조금 작아 보여 더 크게 썼으면 좋았을 것 하는 아쉬움이 생긴다.

우리는 모두 두고정에 올라 자료공부에 들어갔다.

홍경재공의 자료는 번역본으로 함께 실을 것이라 간략하게 옮기면 다음과 같다.

경재공은 남양홍씨로 이름은 붕이요, 고려태사 은열의 후손이다.

광정공 남양부원군 휘 규지의 10세손으로, 아버지는 휘 거방으로, 참판공의 형이다.

공은 중종 34년 을해생이다.

공은 책을 좋아하며 특히 성리서를 배워 뜻을 이루었다.

동국세가 2권을 저술하였다.

제자를 많이 배출하였다.

우리는 공부를 마치고 호흡을 가다듬어 산천에 고하듯이 다함께 시조가락을 읊으니, 소리가 메아리쳐 하늘로 올라가는 기운을 느낄 수 있었다.

서울에서 오기는 전라도 임실이라는 먼 곳이지만 한걸음에 달려오듯이 한마음으로 달려와서 좋은 공기 좋은 공부를 맘껏 배우고 누리며 하루가 마무리 되었다.

저물어가는 해가 아쉬움의 인사를 재촉하니 두고정을 배경으로 단체사진을 찍고 차에 올랐다. 한시 1수를 곁들인다.

노산당 전향아 씀.

梧南 李鍾寬

任實春三花霧侵　青雄一驅古齋尋
임 실 춘 삼 화 무 침　청 웅 일 구 고 재 심

白雲凜凜千年碧　蟾水滔滔萬里臨
백 운 늠 름 천 년 벽　섬 수 도 도 만 리 임

誠孝出天經獨唱　洛河贊述典孤斟
성 효 출 천 경 독 창　낙 하 찬 술 전 고 짐

九皐高士贊揚切　僉正斯文長久欽
구 고 고 사 찬 양 절　첨 정 사 문 장 구 금

임실 3월에 꽃안개가 깊은데
한달음 청웅면에 옛 재실을 찾았구나.

백운산은 늠름하게 천년토록 푸르고
섬진강은 도도히 흘러 만리를 가는도다.

성효는 출천하여 경전을 독창하고
하도찬락을 저술하여 경전을 연찬함이 독보적이었도다.

구고리의 높은 선비를 찬양함이 간절하니
첨정공의 깊은 학문을 기리 흠모하리로다.

313. 보원재(報遠齋)에서

이름자 고쳐주신
깊은 뜻 모르랴만

한 마리 여우에게
사랑이 뜨거우니

시원한 선비의 바람
불려드릴 때로다

최중관

▲ 보원재

▲ 제정공묘 앞에서

▲ 제정공 신도비

▲ 제정공 공부를 하며

313. 報遠齋(보원재)

報遠齋在慶尙北道安東市豐山邑晩雲里李霽亭公追慕
보 원 재 재 경 상 북 도 안 동 시 풍 산 읍 만 운 리 이 제 정 공 추 모

處也公諱達衷字仲權慶州人曾祖諱翮門下評理祖諱世
처 야 공 휘 달 충 자 중 권 경 주 인 증 조 휘 핵 문 하 평 리 조 휘 세

基大提學諡文僖考諱蒨大提學月城府院君諡文孝號菊
기 대 제 학 시 문 희 고 휘 천 대 제 학 월 성 부 원 군 시 문 효 호 국

堂妣竹山朴氏竹城君顚女以高麗忠宣王元年己酉生公
당 비 죽 산 박 씨 죽 성 군 전 녀 이 고 려 충 선 왕 원 년 기 유 생 공

自幼穎異及長好讀書以忠孝爲庭訓年十八擢魁第歷諸
자 유 영 이 급 장 호 독 서 이 충 효 위 정 훈 연 십 팔 탁 괴 제 역 제

職爲成均祭酒恭愍王元年拜典理判書明年以監察御史
직 위 성 균 좨 주 공 민 왕 원 년 배 전 리 판 서 명 년 이 감 찰 어 사

轉戶部尙書時設八關會雜戲忤聖旨係獄俄以爲名儒升
전 호 부 상 서 시 설 팔 관 회 잡 희 오 성 지 계 옥 아 이 위 명 유 승

拜密直提學因初諱字中新稱衷亦王命也同王七年出爲
배 밀 직 제 학 인 초 휘 자 중 신 칭 충 역 왕 명 야 동 왕 칠 년 출 위

東北面兵馬使時辛旽爲王之師傅左右國政淫於酒色公
동 북 면 병 마 사 시 신 돈 위 왕 지 사 부 좌 우 국 정 음 어 주 색 공

以詩評曰騁怪馳妖老野狐那知有手競張弧威能假虎熊
이 시 평 왈 빙 괴 치 요 노 야 호 나 지 유 수 경 장 호 위 능 가 호 웅

羆慴媚惑爲男婦女趨黃狗蒼鷹眞所忌烏鷄白馬是何辜
비 섭 미 혹 위 남 부 녀 추 황 구 창 응 진 소 기 오 계 백 마 시 하 고

嘗聞汝死必丘首已見城東官道隅嗚呼一字砲手之警句
상 문 여 사 필 구 수 이 견 성 동 관 도 우 오 호 일 자 포 수 지 경 구

也哉辛旽之秕政言之者多矣如此以詩句評之者不多也
야 재 신 돈 지 비 정 언 지 자 다 의 여 차 이 시 구 평 지 자 불 다 야

至野狐之比喩開口不合哉公之筆端銳敏兮後從者其何
지 야 호 지 비 유 개 구 불 합 재 공 지 필 단 예 민 혜 후 종 자 기 하

人乎公遂見罷後出鷄林尹又封鷄林府院君驪興王十年
인 호 공 수 견 파 후 출 계 림 윤 우 봉 계 림 부 원 군 여 흥 왕 십 년

甲子八月十八日卒享年七十六謚文靖配橫城趙氏政堂
갑 자 팔 월 십 팔 일 졸 향 년 칠 십 육 시 문 정 배 횡 성 조 씨 정 당

文學文瑾女後配忠州石氏忠烈公祐女三配平壤趙氏尙
문 학 문 근 녀 후 배 충 주 석 씨 충 렬 공 우 녀 삼 배 평 양 조 씨 상

書千裕女公輔佐堂叔益齋先生其纂國史與白文寶遂成
서 천 유 녀 공 보 좌 당 숙 익 재 선 생 기 찬 국 사 여 백 문 보 수 성

完史又著作詩文盛旺散逸之餘收集以霽亭集行世也儻
완 사 우 저 작 시 문 성 왕 산 일 지 여 수 집 이 제 정 집 행 세 야 당

人人信儒賢之精美而確認性理之風哉嘗鄭圃隱拜公遺
인 인 신 유 현 지 정 미 이 확 인 성 리 지 풍 재 상 정 포 은 배 공 유

像於淸瀾亭有詩曰傳家聲烈忠移孝盖世文章道業儒於
상 어 청 란 정 유 시 왈 전 가 성 렬 충 이 효 개 세 문 장 도 업 유 어

是乎可謂文忠公亦其正知公也哉讚曰
시 호 가 위 문 충 공 역 기 정 지 공 야 재 찬 왈

小滿福州加策覃　晩雲里上一齋譚
소 만 복 주 가 책 담　만 운 리 상 일 재 담

楣名報遠後孫恪　神道碑銘先祖黤
미 명 보 원 후 손 각　신 도 비 명 선 조 암

佛祭八關王旨逆　權僧七律狐胸㔆
불 제 팔 관 왕 지 역　권 승 칠 률 호 흉 잠

土宜微近無寬裏　性理儒風大響谽
토 의 미 근 무 관 리　성 리 유 풍 대 향 함

313. 보원재(報遠齋)

보원재는 경상북도 안동시 풍산읍 만운리에 있다. 이제정공을 추모하는 곳이다. 공의 휘는 달충이요, 자는 중권 경주사람이다.

증조의 휘는 책이요 문하평리이다.

조의 휘는 세기요 대제학이었다. 시호는 문희이다.

고의 휘는 천이요 대제학으로 월성부원군이다. 시호는 문효요, 호는 국당이다.

어머니는 죽산박씨로 죽성군 전의 딸이다.

고려 충선왕 원년 을유에 태어났다.

공은 어려서부터 영특하며 특이했다. 자라남에 독서하기를 좋아하고 충효로서 자훈을 삼았다.

나이 18세에 과거에 장원급제하여 여러 직책을 지나 성균관 좨주에 올랐다.

공민왕 원년에 전리판서에 올라 다음해 감찰어사로써 옮겨 호부상서가 되었다.

때에 팔관회가 열려 잡다한 유희가 벌어지자, 임금님의 심기를 거스르게 되어 감옥에 갔다.

잠시 뒤 이름 있는 선비라 하여 밀직제학에 올랐고 인하여 처음 이름자에 가운데 중자를 새로 정성 충자로 고쳐 썼는데 이것은 왕명이었다.

같은 왕 7년 나아가 동북면 병마사가 되었다. 때에 신돈이 왕의 스승으로 좌우 국정을 제 맘대로 하면서 음란하고 주색에 빠졌다. 공이 시

로써 평하기를,

달리는 요상한 저것은 늙은 들여우인가
어찌 알리요 손이 있어 활을 경쟁적으로 펴는구나.
위세는 능히 호랑이를 빌려 웅비를 대신하는데
아첨하면서 혼을 빼며 여자만 쫓는구나.
누런 개 파란 매는 진짜로 꺼리는 바이고
까만 닭과 하얀 말은 무슨 허물이 있단 말인가.
내가 일찍이 듣건 데 죽으면 고향으로 돌아간다더니
이미 내 성 동쪽에 길모퉁이가 있음을 보았도다.

오호라 글자 하나로써 호랑이 잡는 포수보다 놀랄만한 말이로다.

신돈의 잘못된 정치를 말하는 사람은 많으나 이 같은 시평으로써 평하는 자는 많지 않도다.

들여우로 비유한데 이르르면 열렸던 입이 닫히지 않는도다.

공의 붓끝의 날카롭고 민첩함이여 뒤를 따를 자 어떤 이가 있을꼬.

공은 드디어 파면됨을 보고 말았다.

뒤에 계림윤이 되었고 계림부원군이 되었다. 여흥왕 10년 갑자 8월 18일에 돌아가니 향년 76세였다. 시호는 문정이다. 부인은 횡성조씨로 정당문학 문근의 딸이다.

두 번째는 충주석씨 충렬공 우의 딸이요 세 번째는 평양조씨 상서 천유의 딸이다.

공은 당숙인 익제 선생을 도와서 국사를 편찬함에 백문보와 더불어 역사를 엮었다. 또 시문을 지은 것이 많았는데 흩어지고 잊어버린 나머지 거둬 모아 제정집이 남아있다.

아마도 사람 사람마다 선비의 알찬 어짊을 믿고 성리학의 바람을 확인하는 것이다.

일찍이 정포은 선생이 청란정의 공의 초상화에 절을 하고 시를 지어 말하기를,

집에 전해지는 소문과 공의 충성은 효도에서 이름이 남이요
세상을 덮은 저 문장은 선비의 도를 업으로 삼고 있도다.

아~ 이에 가히 말할 수 있나니 정몽주도 또한 정말로 우리 공을 알았다고 할 수 있도다.

기려 노래하노니,

소만절에 복주로 채칙을 더하는데
만운리 언덕위에 한 재실이 크도다.
처마에 보원이라 이름 한 것은 후손의 정성인데
신도비의 글은 선조님의 향기로구나.
불교의 팔관회 때 왕의 뜻을 거슬렀고
권력 있는 중을 칠언 율로써 여우의 가슴을 찔렀네.
그 흙에서 자란 것이 아닌 것엔 너그러움이 없는 속에
성리학의 선비풍은 크게 빈 골짜기를 울리는구나. 전

더럽힌 나라꼴에
그 누가 활줄 놀까

아무나 하는 말은
더 더욱 아니지만

지금도 있음직하다
활시위를 당긴 이

욕천 최장호

바른 말 바로 찔러
말할 이 뉘 있으랴

칼 같은 붓끝으로
그 콧대 꺾어 놓고

귀양길 오르신 일은
나라 지킨 첫 걸음

노산당 전향아

나라님 속 거슬려
간힌 몸 되었다가

오히려 풀려나서
벼슬은 올라가고

먹물 옷 여우같은 이
놀라운 글 짝없네

갑고 홍영표

굽이진 앞골 찾아
즈믄 길 한가락들

어진이 바른말을
먹구름 가렸더라

그래도 지켜나가리
선비 집안 뉘뉘로

안일당 이원희

여우에 꼬리 밟혀
귀양길 올랐지만

남기신 그 때 그 글
견줄 이 뉘 있으랴

오늘날 다리가 되어
두드리며 배우네

설전 임준신

진흙 밭 싸움이라
눈멀고 귀먹어서

못 보고 안 들리니
북 치고 소리 내고

꼭 찍어 남기신 말씀
너무 빛나 짝없네

우인 경우수

임금님 바꾼 이름
'충' 자가 빛나는데

예절의 고향에서
횃불이 향기롭다

중 마음 찌른 글노래
오래도록 전하리

가산 임봉훈

먼먼 길 즈믄 길을
달려온 한가락들

빼어난 글재주에
바른말 미움샀네

선비가 여우와 같이
어찌함께 지낼꼬

오남 이종관

푸르른 언덕 위에
그 옛 분 기리는 곳

마음 속 올곧아서
하는 일 두터웁네

임금님 내리신 이름
선비 속에 새로워

서천 조경휘

보원재(報遠齋)에서

세온열세 번째 한가락 모임
때 : 4349(2016)년 5월 21일, 토요일, 맑음
곳 : 보원재 - 경상북도 안동시 풍산읍 만운리

오늘은 경주이씨 제정공(霽亭公)을 찾아 안동으로 가기위하여 일찍 나섰다. 안동은 그동안 여러 번 다녀간 忠의 도시로 낯설지 않다.

어릴 적 친구인 인원이가 같이 가기로 하여 인덕원에서 만나기 위해 서둘러 나가니 먼저와 있어 고맙고 반가웠다. 다행히 날씨도 화창하고 스치는 창가엔 산과 들의 푸르름에 기분이 상쾌하다.

몇 년 전만 해도 대형차에 20여 명이 다녔는데 지금은 함께 하지 못하시는 분의 자리가 하나 둘씩 늘어가고 이젠 구십이 가까워 장거리가 힘들 선생님, 뵙기가 안타깝고 가는 세월이 야속하다.

모처럼 만나는 회원끼리의 반가움으로 그간의 안부와 이런 저런 정담으로 차안은 시끌시끌해도 이게 사람 사는 맛이 아니겠는가! 그냥 한 달이 기다려진다. 우리 한가락 회원 모두의 마음일 것이다.

11시가 넘어 재실 앞에 도착하니 문중 분들이 기다리고 계셨다. 가까운 산소로 올라가서 제정공께 인사를 드리고 간단히 선생님의 설명을 듣고나서 단체 사진을 찍고 내려와 선생님께서 준비하신 자료로 공부를 했다.

제정공은 오남 선생님의 詩 자료를 찾는 중에 발견하여 선생님께 말씀드려 이루어진 결과이기에 이곳을 찾게 되어 내겐 더없이 흐뭇하고 기뻤다. 더군다나 고려의 유명한 대 문인 익제공의 당숙이 되신다고 하니 더욱 반가웠다.

공은 휘(諱) 달충(達衷)으로 아버지 諱 천이 되시는 대제학(大提學) 월성

부원군(月城府院君) 諡 문효(文孝) 號 국당(菊堂)의 아드님으로, 어려서부터 책읽기를 좋아하고 영특하며 충과 효의 가문에서 자랐고, 과거에 급제하여 성균관 좨주가 되었다. 후에 공민왕 때 전리판서(典理判書), 감찰어사(監察御史)에 이어 호부상서(戶部尙書)가 되었다. 그러나 팔관회에 여덟 군데의 문에서 하는 기복 잡신 행사가 합당치 아니하다 생각하시어 그 문들을 다 헐어 버렸다고 한다. 그 일로 파직당하고, 옥에 갇혔다고 한다. 나라에서 주관하는 큰 행사인데 엄청난 일을 벌인 용기가 대단하다. 그러나 얼마 후에 인재를 알아보시는 공민왕께서 오히려 밀직제학 (密直提學)의 높은 벼슬을 내리고 이름의 처음 字 '中'을 '衷'으로 고쳐주셨다고 한다. 후에 신돈이 나라를 혼란하게 하며 주색에 빠져 임금마저 어지럽히자, 공은 시를 써서 "달리는 늙은 들 여우라, 활을 들고 호랑이와 곰의 위세를 빌려 미련하게 흉내 낸다."라고 신랄하게 비판했다고 한다. 당시의 상황에 공의 용기에, 당시의 세인들은 입을 다물지 못했다고 한다. 그 일로 후에 파직했으나 후에 계림부원군(鷄林府院君)에 봉해졌다고 한다. 공의 시문이 아주 많았다고 하는데 지금 『제정집(霽亭集)』이 남아있어 아주 귀하고 다행이라고 말씀하신다.

공은 여흥왕(驪興王) 즉 우왕 십년에 76세로 돌아가셨다고 하며, 시호를 문정(文靖)으로 내렸다고한다.

공부가 끝나고 문중에서 마련해주신 점심을 맛나게 먹고 갈 길이 먼지라 서둘러 귀경길에 올랐다. 한시 3수를 곁들인다.

안일당 이원희 쓰다.

梧南 李鍾寬

南驅永嘉仲夏覃 豊山雲洞古齋譚
남 구 영 가 중 하 담 풍 산 운 동 고 재 담

洛東灘籟頌忠郁 鶴駕嶺風歌節醃
낙 동 탄 뢰 송 충 욱 학 가 영 풍 가 절 암

雨雷戒詩嚴彈核 妖僧胸裡大針劄
우뢰계시엄탄핵 요승흉리대침잡
以邪犯正當無可 文靖崇名萬世谽
이사범정당무가 문정숭명만세함

오월 안동에 한달음에 달려오니
풍산면 만운리에 옛 재실이 크구나.

낙동강 여울소리 충성을 찬송하여 빛나고
학가산풍은 아름다운 절의를 노래하는도다.

우레 같은 경계의 시로 엄하게 탄핵하였고
요승의 가슴속에 큰 침을 꽂았도다.

사불범정은 당연한 이치이니
문정공의 높은 이름 영세에 머금으리로다.

佳山 任奉壎

尋訪福州遺事覃 禮鄕居地月城譚
심방복주유사담 례향거지월성담
遠齋淸峻德行發 幽穴故山庭燎醃
원재청준덕행발 유혈고산정료암
高士改名衷以旨 怪僧評律筆鋒劄
고사개명충이지 괴승평율필봉잡
震邦傳統白衣響 跪拜儒風門閥谽
진방전통백의향 궤배유풍문벌함

심방한 안동에는 누락된 事蹟이 널리 퍼져 있는데
예절의 고향에서 살아온 땅은 先系 月城이 크도다.

맑고, 산같이 높은 보원재는 덕행이 드러나는데
고향 산천의 그윽한 墓穴에는 庭燎가 향기롭도다.

높은 선비의 개명은 마음 충字로서 임금의 뜻인데
괴이한중 신돈을 평한 律詩는 필봉으로 찔렀도다.

우뢰 치는 나라의 전통은 하얀 옷차림 饗宴인데
무릎 굻고 절하는 유풍은 깊은 산골의 문벌이로다.

抒滸 趙京彙

乾月古昌青綠覃　晚雲里岸一齋譚
건 월 고 창 청 록 담　만 운 리 안 일 재 담

横桁靜畫持延瑞　懸板端書報遠醃
횡 항 정 화 지 연 서　현 판 단 서 보 원 암

戲會抑施氳厚扞　狐僧警律筆尖劖
희 회 억 시 온 후 한　호 승 경 율 필 첨 잠

聖恩衷得忠儀固　儒俗振名訌韻谽
성 은 충 득 충 의 고　유 속 진 명 홍 운 함

음4월 안동은 청록으로 물드는데
만운리 언덕에 한 커다란 재실이로다.

가로지른 도리의 고요한 그림 오랜 세월 지녀온 서기인 듯
걸려있는 현판의 단정한 글씨 먼 조상에 보답하는 향기인 듯하다.

오락스런 팔관회 실시를 억누른 것은 성한기운의 두터운 막음이요
여우같은 중에 대한 경계의 시 붓 끝의 날카로운 찌름이라.

성은을 받아 얻은 충자의 개명은 충성스런 거동의 굳셈이니
유림풍속에 떨치는 명성은 큰 어울림의 음향 가득한 골짜기 같더라.

314. 문간공묘(文簡公墓)에서

금물노 여기더냐
말고삐 멈추어라

고려 때 바로 그 분
저 언덕 틀림없다

눈 밝은 사람에게만
문을 열어 맞누나

최중관

▲ 문간공묘

▲ 문간공묘 앞에서

▲ 문간공 설명을 들으며

▲ 문간공 공부를 하며

314. 文簡公墓(문간공묘)

文簡公墓在忠淸北道鎭川郡文白面思陽里公諱挺初名
문 간 공 묘 재 충 청 북 도 진 천 군 문 백 면 사 양 리 공 휘 정 초 명

春吉淸州李氏也高麗太祖之肇興有諱能希左右有功封
춘 길 청 주 이 씨 야 고 려 태 조 지 조 흥 유 휘 능 희 좌 우 유 공 봉

爲國公圖形壁上卽始祖也高祖諱椿老參知政事謚貞肅
위 국 공 도 형 벽 상 즉 시 조 야 고 조 휘 춘 로 참 지 정 사 시 정 숙

公曾祖諱粧朝靖大夫殿中監贈金紫光祿大夫知門下省
공 증 조 휘 장 조 정 대 부 전 중 감 증 금 자 광 록 대 부 지 문 하 성

事上將軍判禮曹事祖諱昌祐版圖摠郎贈匡靖大夫密直
사 상 장 군 판 예 조 사 조 휘 창 우 판 도 총 랑 증 광 정 대 부 밀 직

司典理判書上將軍考諱季瑊重大匡琅城君謚正憲公妣
사 전 리 판 서 상 장 군 고 휘 계 함 중 대 광 랑 성 군 시 정 헌 공 비

彦陽金氏匡靖大夫都僉議參理集賢殿太學士同修國史
언 양 김 씨 광 정 대 부 도 첨 의 참 리 집 현 전 태 학 사 동 수 국 사

謚文愼公賆女以生公高麗忠烈王二十三年丁酉也自幼
시 문 신 공 변 녀 이 생 공 고 려 충 렬 왕 이 십 삼 년 정 유 야 자 유

穎異公年二十九始以門蔭拜入關寶判官明年登科歷諸
영 이 공 년 이 십 구 시 이 문 음 배 입 관 보 판 관 명 년 등 과 역 제

華職戊戌光祿大夫刑部尙書公常以淸儉自律循蹈禮則
화 직 무 술 광 록 대 부 형 부 상 서 공 상 이 청 검 자 율 순 도 예 즉

不隨俗俯仰世俗服其正直退居鎭川之常山不求宦達恭
불 수 속 부 앙 세 속 복 기 정 직 퇴 거 진 천 지 상 산 불 구 환 달 공

愍王十年辛丑六月十九日以疾卒享年六十五葬于常山
민 왕 십 년 신 축 육 월 십 구 일 이 질 졸 향 년 육 십 오 장 우 상 산

之南麓配溟州金氏通禮門副使贈光祿大夫知門下省事
지남록배명주김씨통예문부사증광록대부지문하성사

繼貂女有四男二女以驪興王元年乙卯四月二十一日卒
계초녀유사남이녀이여흥왕원년을묘사월이십일일졸

享年七十葬于公塋之下男長曰由信登壬午科以刑部郎
향년칠십장우공영지하남장왈유신등임오과이형부랑

中出按慶尙道先公歿次曰居仁檢校左政丞卒謚恭節次
중출안경상도선공몰차왈거인검교좌정승졸시공절차

曰居義工曹典書號淸隱嘗推知革世之命棄官隱居作詩
왈거의공조전서호청은상추지혁세지명기관은거작시

見志曰百世淸風起首山一時至德隱荊蠻臨難罔僕知吾
견지왈백세청풍기수산일시지덕은형만임난망복지오

志天理人情合義還其富貴功名視如浮雲竟乃遯世而卒
지천리인정합의환기부귀공명시여부운경내둔세이졸

其貞忠大節可以無愧千萬世也次曰居易官新朝左政丞
기정충대절가이무괴천만세야차왈거이관신조좌정승

領司平府事西原府院君謚文度公再登盟府功臣婿檢校
영사평부사서원부원군시문도공재등맹부공신서검교

門下侍中李崇恭安府尹閔慶生也讚曰
문하시중이숭공안부윤민경생야찬왈

南走汗流開口鹽　鎭州停轡一墳謙
남주한류개구염　진주정비일분겸

金臺明廣貴門衒　烏石序銘新筆纖
금대명광귀문현　오석서명신필섬

肇國爲王功烈大　終期有子節臣瞻
조국위왕공렬대　종기유자절신첨

今時過客調聲哽　淸隱遺詩賡詠恢
금 시 과 객 조 성 애　청 은 유 시 갱 영 협

314. 문간공묘(文簡公墓)

문간공묘는 충청북도 진천군 문백면 사양리에 있다.

공의 휘는 정이요 초명은 춘길이요 청주이씨이다.

고려태조가 나라를 일으킨 시초에 휘 능희가 좌우로 도운 공이 있어 국공에 봉해져서 초상화가 벽상에 올랐으니 즉 시조가 되었다.

고조의 휘는 춘로요 참지정사였고, 시호는 문숙공이다. 증조의 휘는 장이요 조정대부요 전중감이며 금좌광록대부로 증직되었다. 문하성사 상장군 판예조사를 맡았다.

조의 휘는 창우요 판도총랑이다. 광정대부로 증직되었고, 밀직사 전리판서 상장군이다. 고의 휘는 계함이요 중대광 낭성군이었고, 시호는 정헌공이다.

어머니는 언양김씨로 광정대부 도첨의참리집현전 태학사 동수국사로 시호는 문신공 변의 딸이다.

공은 고려 충렬왕 23년 정유에 태어났다. 어려서부터 영민하여 공의 나이 29세에 처음 음덕으로 관보판관으로 들어갔다. 다음해 과거에 올라 여러 직책을 지나 무술년에 광록대부판부상서가 되었다. 공은 항상 청렴하며 검소하야 스스로 예에 따라 법을 삼아 지켰다.

즉 속된 세속의 풍속을 우러러 따르지 않았다. 그 정직함에 복종하였다. 물러나 진천 상산에 살면서 벼슬의 통달함을 구하려하지 않았다. 공민왕 10년 신축년 6월 19일 병으로 돌아가니 향년 65세였다. 산소는 상산 남쪽 기슭에 있다. 부인은 명주김씨로 통예문부사요 광록대부로 증직되어 문하성사에 오른 계초의 딸이다. 4남 2녀를 두었으며, 여흥왕 원년 을묘 4월 21일에 돌아가니 향년 70세이다. 산소는 선영 아래에 있다. 장남은 유신으로 임오년에 과거에 올라 판부랑중으로 나가 경상도 안렴사에 올랐다. 공을 앞서 돌아가다.

다음은 거인으로 검교좌정승이다. 돌아가니 시호는 공절이다.

다음은 거의로 공조전서 호 청음이며, 세상이 변할 것을 미리 알고 벼슬을 버리고 은거하며 시를 지어 뜻을 들어내니 말하기를,

백세의 맑은 바람은 수양산에서 일어나고
한 때의 지극한 덕은 형만에 숨어있구나.
난리에 임하여 망복을 지키려는 나의 뜻을 알겠고
하늘 이치에 사람의 정은 합하여 의로 돌아가고 있도다.

부귀공명은 친히 뜬 구름과 같이 생각하고 숨어 살다 돌아가니 그 곧은 충성과 큰 절개여 가히 천만세 토록 부끄러움이 없도다.

다음은 거이로 벼슬이 신조에서 좌정승 영사평부사 서원부원군이었다. 시호는 문도공이다. 다시 맹부에 공신에 올랐다. 사위는 겸교문하시중 이숭이요 공안부윤 민경생이다. 기려 노래하노니,

남으로 달리니 땀이 흘러 입을 여니 소금이고
진천에 고삐를 멈추니 한 무덤이 겸손하도다.
밝고 넓은 산소자리 귀한 집안임을 드러내고
까만 돌에 새긴 글은 새롭게 자세히 새겼도다.
나라를 세운 왕에게 큰 공을 인정받았고
마침내 아들이 있어 절신으로 기약을 보았네.
지금 지나는 손이 소리 높여 노래하여 목이 쉬었으나
청은이 남긴 글을 읊으니 흐뭇하도다.

전

언제나 늘 그렇지
똑바로 바라본다

내려와 올라가서
다시금 다짐한다

아래위 거리낌 없다
한결같은 마음결

욕천 최장호

누리의 어두운 곳
아닌 길 가지 않고

바람에 바람 따라
숨어든 깊은 골짝

바른말 일러 이끄니
옷곳하다 우러러

노산당 전향아

여기가 금물노냐
말 고삐 예 멈춰라

고려적 바로 그 이
저 언덕 어김없다

눈 밝은 선비에게만
문 열어서 반기네

갑고 홍영표

물 좋고 들뫼 좋아
눕자리 시원하다

뉘뉘로 올바르게
이어온 어진이들

밝은 터 구름 빗돌이
자랑스레 지켰다

안일당 이원희

뜻 있는 글이 남아
즈믄 해 밝혀주니

선비들 찾아들어
시원히 읊어보고

큰 뜻에 가슴 뭉클해
긴 여운이 남는다

설전 임준신

밝은 눈 바른 마음
미루어 앞을 보고

물러나 숨어 살며
깨끗이 마쳤으니

글 속에 전하는 마음
안보아도 보이네

우인 경우수

고사리 캐어볼까
깊은 골 숨어드니

하늘은 맑디맑아
뜬구름 한가롭게

어깨 짐 벗는 듯해도
마음속은 임 생각

가산 임봉훈

탁 트인 높자리가
바람도 시원하다

곧은길 어진이를
이은이 섬겼도다

남긴 글 기려 읊으니
가슴 속이 후련타

오남 이종관

솔바람 좋은 터에
의젓한 임이시여

맑은 맘 바름으로
나랏일 걱정 많아

날 밤을 지세우시니
더 없이도 바랄 분

서천 조경휘

문간공묘(文簡公墓)에서

세온열네 번째 한가락 모임
때 : 4349(2016)년 6월 18일, 토요일, 맑음
곳 : 문간공묘 - 충청북도 진천군 문백면 사양리

올해도 6월의 도심 어느 숲속엔 빨간 산딸기가 작은 장미꽃처럼 매달려 바위 위에서 붉어간다. 굵은 개살구나무엔 누런 황금색의 살구가 새벽바람에 떨어져 있어서 향긋한 된장내 나는 맛을 풍긴다. 지금쯤 지리산엔 수수꽃다리가 수줍게 땅을 바라보면서 피고 있겠지. 마치 4월의 라일락향기를 가득 품고서. 그러나 아직도 산적한 사회적인 문제는 너무도 많아 해결의 실마리를 찾기 힘들어 보인다. 도심은 해결하려는 함성의 공기로 텁텁한 기운을 밀어내고 있다. 오늘도 역시 우리는 역사 바르게 알기 위한 忠北 鎭川郡 文白面 思陽里에 있는 文簡公墓를 찾아간다. 그곳에는 아주 또 다른 역사적인 인물을 기리는 곳이다. 마치 시간을 잃어가는 사람들이 과거의 시간을 잠시 잡으러 간다. 진실에는 색깔이 있을까? 무색무취하여 알아보기가 힘든 것인가.

사당역 10번 출구에 10시쯤 도착하니 중관 선생님을 비롯한 10여 명의 회원님들이 모였다. 단출한 인원이지만 24인승 버스는 남쪽으로 향해 가고 있다. 진실을 알리는 현수막과 거짓을 가리는 현수막을 뒤로 하고 아래로 쉼도 없이 달려간다. 따스한 한낮 11시 50분경에 거의 다 도착했다. 볕 바른 이곳 思陽里는 모든 햇살을 다 모아 놓은 듯 하늘도 맑아 이런 저런 생각하기 좋은 곳이다. 여말의 혼란한 시기에도 지금과 비슷한 희끄무레하고 어수선한 세상살이도 있었을 것이다. 그때도 이렇게 바른 길을 생활화하신 분도 있었다.

저 멀리 홍살문이 보이고 그 뒤에 작은 둥근 산자락위에 文簡公墓 등의 묘소들이 있다. 가까이 다가 갈수록 墓域 규모가 점점 크게 보인다. 오늘 오전에 벌초하다가 점심시간이라 일꾼들은 잠시 자리를 비우고 떠난 듯하다. 맨 위에 있는 文簡公墓만 아직 벌초가 되어 있지 않았다. 公의 墓는 방분이며 그 아래 부인의 墓도 역시 方墳형태이다. 墓表石은 이수부분에 구름모양과 태극모양이 그려져 있다. 회원 일동은 참배를 마치고 묘소에 관련된 石物 등에 대해 설명을 듣고 있으니 思陽里라 그런지 公의 墓所에는 햇살이 듬뿍 받아 따스하다. 여름 더위가 서둘러 온 듯 더워진다. 이제 그늘을 찾는 계절이 왔음을 의미한다.

그동안 말끔히 벌초하여 관리한 墓域답게 잘 보존한 모습을 역력히 상상할 수 있다. 묘소 한쪽에는 뿌리를 아는 밤나무가 公의 묘소를 지키고 있고 바로 아래엔 신도비와 李公升의 影幀을 모신 思陽影堂이 있다. 묘역에서 바라보니 나지막한 산이 보인다. 마치 이런 한낮에 낮잠을 즐기는 늙은 뱀처럼 구불구불 가늘게 길게 누워있는 듯하다.

12시 50분경 이곳은 마땅한 공부할 사당이 따로 없는 관계로 문중어르신께서 미리 예약한 식당 호두나무집으로 이동하여 점심식사 겸 공에 대한 공부를 하기로 했다. 인원수보다 많이 준비된 돼지보쌈을 맛나게 먹고 나서 그제야 公에 대한 중관 선생님이 매번 준비하신 자료를 가지고 공부를 시작한다.

文簡公墓는 忠北 鎭川郡 文白面 思陽里에 있고, 公의 諱는 挺이며 初名은 春吉이며 淸州 李氏다. 혼탁한 여말 중에도 언제나 늘 淸廉으로써 禮를 좇아 살았으며 世俗의 물들지 않았으며 바른 길만 걸었던 선비중 하나다. 그리고 관직에서 물러나서도 鎭川의 常山에 머물면서도 벼슬길의 영달을 꿈꾸지 않았다. 중관 선생님이 쓰신 시조와 한시를 음미하며 다함께 이어부른다. 七言律詩를 쓰실 분은 선생님의 讚詩의 次韻을 활용하여 쓰시라고 하신다.

2시 35분쯤 이제 모든 시회는 끝냈고 오랜만에 참여하신 문강 선생님께서 오늘 점심비용을 기꺼이 계산하신다고 하신다. 오늘처럼 더운 날에 맛난 돼지보쌈을 먹고 여름더위를 이겨내려고 한다. 이제 문중어르신과 헤어지고 서울로 향해 올라갈 일만 남았다.

오늘도 역시 시간을 잃어가는 사람들이 과거의 역사 속으로 잠시나마 탐방하여 꼭꼭 숨은 역사를 또 하나 찾았다. 예나 지금이나 淸廉이 강조되는 사회인가 보다. 지금도 권력, 부 등 가진 자의 그들만의 비리를 가지고 스스로 자정노력은 하지 않고서 국민들에게만 淸廉을 강요하기 위해 법안이 시행될 예정이다. 6월의 지리산의 수수꽃다리처럼 아니, 5월의 북한산의 수수꽃다리처럼 香氣가 나는 사회로 널리 사람들이 즐겼으면 한다.

文簡公하면 淸廉이라. 이런 저런 생각하다보니 벌써 4시라. 思陽里가 바로 사당역인가 한다. 오늘도 어디선가 텁텁한 더운 열기를 몰아내는 사람들이 있다. 바로 여럿이 함께 외치는 함성으로 가득 찬 울림이 있다. 탁한 막걸리 한잔으로 탁한 세상을 대항하는 사람들이 있다. 먹어서 스스로 정화하는 사람도 있어 淸廉이 淸廉으로 거듭난다. 公의 淸廉은 또 하나의 淸廉을 만나 더욱 빛나는 淸廉이 된다. 淸廉은 강요해서 되는 것이 아니다. 낮에는 막걸리, 저녁에는 양주, 그것이 문제지…. 한시 2수를 곁들인다.

욕천 최장호 씀.

梧南 李鍾寬

盛夏常山暑氣塩 思陽故里古封謙
성 하 상 산 서 기 염 사 양 고 리 고 봉 겸

苔墳蘚砌談門老 烏碣深銘錄史纖
태 분 선 체 담 문 로 오 갈 심 명 녹 사 섬

始祖元勳開國赫 子孫繁衍節臣瞻
시 조 원 훈 개 국 혁 자 손 번 연 절 신 첨

淸州李閥兩朝卓 文簡英名千世恢
청 주 이 벌 양 조 탁 문 간 영 명 천 세 험

한여름 진천에 더위가 혹심한데
문백면 사양리에 옛 무덤이 겸손하구나.

이끼 낀 봉분과 계절은 높은 문벌을 말하고
오석비명으로 섬세한 역사를 기록하였도다.

시조는 고려개국의 원훈으로 빛나시고
자손은 번연하여 절신으로 뛰어났도다.

청주이씨는 양 조에 뚜렷한데
문간공의 꽃다운 이름 천대에 기쁨이로다.

抒涄 趙京彙

長至南行流汗鹽 思陽里麓一塋謙
장지남행유한염 사양리록일영겸

左龍右虎松風爽 上鳳下凰臺色纖
좌용우호송풍상 상봉하황대색섬

官職父身淸儉本 隱居子志貞忠瞻
관직부신청검본 은거자지정충첨

慮民沖國迎晨數 萬古縉紳師表忺
려민충국영신수 만고진신사표험

음 5월 남(진천)으로 가니 흐르는 땀이 짜고
사양리 산기슭에 훌륭한 무덤 공손하구나.

좌청룡 우백호 좋은 터에 솔바람은 시원하고
위에는 공의 묘, 밑에는 부인의 묘, 잔디도 곱다.

공은 관직으로 평생 청렴과 검소를 근본 하였고
자식은 나라 잃음에 은둔 정충을 우러러 보였도다.

백성을 생각하고 나라 걱정으로 뜬눈으로 지세우길 자주하니
만고에 벼슬하는 분들의 사표가 되고도 남으리.

315. 영사재(永思齋)에서

가르침 안 따르랴
큰 집안 아니던가

아버지 아들 이어
먼 시골 숨어들어

깨끗이 지켜 가리라
즈믄 해의 옛 빛을

최중관

▲ 영사재

▲ 이부시랑공묘 앞에서

▲ 이부시랑공묘

▲ 이부시랑 공부를 하며

315. 永思齋(영사재)

永思齋在忠淸北道永同郡楊江面藍田里朴吏部侍郎公
영 사 재 재 충 청 북 도 영 동 군 양 강 면 남 전 리 박 이 부 시 랑 공

追慕處也公諱元龍順天人也始祖高麗開國功臣三重大
추 모 처 야 공 휘 원 용 순 천 인 야 시 조 고 려 개 국 공 신 삼 중 대

匡諱英規其後失傳以高麗寶文閣大提學諱淑貞起一世
광 휘 영 규 기 후 실 전 이 고 려 보 문 각 대 제 학 휘 숙 정 기 일 세

卽公之考也嘗關東仗節時構鏡浦臺及三日浦四仙亭也
즉 공 지 고 야 상 관 동 장 절 시 구 경 포 대 급 삼 일 포 사 선 정 야

侍郎公生於勳門聰慧過人自幼孝於親從李益齋安謹齋
시 랑 공 생 어 훈 문 총 혜 과 인 자 유 효 어 친 종 이 익 재 안 근 재

文藝夙就廉直公平不欲與小輩同朝也位至吏部侍郎當
문 예 숙 취 렴 직 공 평 불 욕 여 소 배 동 조 야 위 지 이 부 시 랑 당

麗末亂世乃視靑紫如草芥投紱南遯于天磨山谷而終也
려 말 난 세 내 시 청 자 여 초 개 투 불 남 둔 우 천 마 산 곡 이 종 야

有一男曰天祥都僉議侍中恭愍王封平陽府院君威化島
유 일 남 왈 천 상 도 첨 의 시 중 공 민 왕 봉 평 양 부 원 군 위 화 도

回軍以後新興權臣以誣構罪案迫害勳舊世族被遠流杆
회 군 이 후 신 흥 권 신 이 무 구 죄 안 박 해 훈 구 세 족 피 원 류 간

城王二年連累於李成桂除去之金宗衍謀議事件見辱新
성 왕 이 년 연 루 어 이 성 계 제 거 지 김 종 연 모 의 사 건 견 욕 신

朝六年徵拜不拜與季子可權遠遯于伽倻山竹栢洞也侍
조 육 년 징 배 불 배 여 계 자 가 권 원 둔 우 가 야 산 죽 백 동 야 시

中公前娶元氏無育後娶星州李氏敬元公褒女有三男一
중 공 전 취 원 씨 무 육 후 취 성 주 이 씨 경 원 공 포 여 유 삼 남 일

女長曰可興軍簿判書壬申變易後家産籍沒被禍也讚曰
여 장 왈 가 흥 군 부 판 서 임 신 변 역 후 가 산 적 몰 피 화 야 찬 왈

探問麗痕到處咸 탐 문 려 흔 도 처 함	天磨山麓一齋鑑 천 마 산 록 일 재 감
改良瓦屋永思號 개 량 와 옥 영 사 호	琢玖銘言鐲節諵 탁 구 명 언 견 절 남
父子遯南蹤迹隱 부 자 둔 남 종 적 은	祖孫同道狷心巖 조 손 동 도 견 심 암
羅皇大姓矜誇裏 라 황 대 성 긍 과 리	鄕筆萬年青史劖 향 필 만 년 청 사 참

315. 영사재(永思齋)

영사재는 충청북도 영동군 양강면 남전리 박이부시랑공을 추모하는 곳이다. 공의 휘는 원룡이요 순천인이다. 시조는 고려개국공신 삼중대광 휘 영규인데, 그 뒤에 실전되어서 고려보문각대재학 휘 숙정으로부터 1세로 기록되었다. 즉 공의 아버지이다. 일찍이 관동 장절시에 경포대 및 삼일포에 사선정을 얽었다. 시랑공은 공훈 있는 집안에서 태어나 총명하고 지혜로움이 다른 사람을 뛰어넘었다.

어려서부터 어버이에 효도하고, 이익재공과 안근재공을 따랐고 일찍이 문장이 드러났다. 청렴 정직하며 공평하였고, 소인배들과 조정 일을 함께 하고자하지 않았다. 직위가 이부시랑에 이르러 고려 말 어지러운 세상을 당하여 관복을 초계같이 보고 인끈을 벗어던지고 남쪽 천마산 골짜기로 숨어들어 돌아갈 때까지 살았다. 1남이 있으니 이름이 천상이다. 도첨의 시중이었다. 평양 부원군에 봉해졌다.

위화도 회군 뒤에 새로 일어선 권신들이 죄를 얽어매어 훈구세족들에게 박해를 입혀 멀리 귀양을 갔다. 간성왕 2년에 이성계를 제거하려는 김종연 모의 사건에 연루되어 욕을 보고 새로운 조정 6년에 불렀으나 거절하였다. 맏아들 가권이 멀리 가야산 죽백동에 숨어들었다. 시중공 전처 원씨는 자식이 없었다. 후처 성주이씨 경원공 포의 딸이다. 3남 1녀를 두었다. 장남이 가홍인데 군박판서로 임신변역 뒤에 가산을 몰수당하는 화를 입었다.

기려 노래하노니,

소문에 들리는 고려 흔적을 더듬어 찾는데
천마산 기슭에 한 재실이 밝도다.
기와집을 잘 고쳐 영사재라 이름하고
옥돌을 다듬어 글을 새겼으니 굳은 절개를 이야기했네.
아버지와 아들 남으로 숨어들어 자취를 숨겼고
3대에 걸쳐 도를 같이했으니 굳은 절개 높도다.
신라황제 큰 성씨 자랑하는 속에
그때의 붓으로 만년토록 청사에 새길 일이로다. 전

흙먼지 가득하니
빛바랜 지푸라기

옛 빛은 쪽빛이라
그래도 살만한데

아니다 언제까지나
지키면서 생각해

욕천 최장호

즈믄 해 이어온 줄
남다름 꼭 있었지

아들이 또 아들이
숨어든 골짜기에

바람에 맑은 소리를
실어내는 끈이여

노산당 전향아

가르침 높고 높다
큰 집안 답고 답다

아들이 아배 좇아
먼 시골 깊이 숨어

티 없이 지켜 내리라
긴 나달의 옛 빛을

갑고 홍영표

저 멀리 처음부터
이어온 올곧음이

몰아친 먹구름에
숨어든 빗돌 고을

이렇게 깨끗이 살리
맑은 앞내 흐르듯

안일당 이원희

차라리 꿈이라면
아비에 아들까지

가슴에 맺힌 멍을
어찌 다 잊으리오

바람아 가슴 답답다
시원하게 불어라

설전 임준신

권신에 밀려간 곳
천마산 귀양살이

못 잊어 두고 온 길
둔경도 회군역사

하늘 뜻 어찌하리오
잔나비 해인 것을

가산 임봉훈

즈믄 해 이어내림
벼리로 참 맵도다

아버지 아들 아들
멀리도 숨었어라

맑은 내 낚시하면서
거문고나 뜯으리

오남 이종관

깊은 곳 골짜기에
먼 옛날 그리운 임

깨끗한 마음으로
벼슬도 버리고서

가르침 높이 이끌어
소리 없이 이으리

서천 조경휘

영사재(永思齋)에서

세온열다섯 번째 한가락 모임
때 : 4349(2016)년 7월 9일, 토요일, 맑음
곳 : 영사재 - 충청북도 영동군 양강면 남전리

이번 315회 한가락 역사탐방 충북영동 박씨 문중으로 갑니다. 전원참석 요망, 이라는 문자를 3번 정도 보내드렸다.

과연 몇 분이 참석할지 큰 기대를 가지고 사당역에 도착하니 작은 25인승버스로 출발하기 딱 맞춤으로 오실 분은 다 나오셨다.

그럼에도 점점 참석수가 줄어드는 한가락 회원들의 개인사정도 못 헤아리는 것은 아니지만 그래도 꼭 참석하려는 마음가짐이 점점 줄어드는 것을 느낄 수가 있기 때문에 걱정이 많다.

아침을 못 드시고 나오신 분들을 위하여 윤석중 선생께서 특별한 팥빵을 사가지고 나오셨다.

이 빵은 단팥이 가득 들어있어 묵직하니 하나만 먹어도 배가 부른, 아주 맛있는 빵을 사 오셔서 하나씩 나누어 먹으면서 사당역을 출발하여 맑은 날씨를 가르며 달리고 있다.

가까운 거리라 양강면 우체국 앞에서 만나기로 한 문중 어르신과 통화로 연락을 주고받으며 달리니 11시 50분에 만남의 장소인 우체국 앞에 도착할 수 있었다.

시간상 점심을 먼저 먹고 공부하기로 하고 미리 예약해 놓으신 어르신의 안내를 받아 오목식당으로 갔더니 문중어르신들께서 여러분 나와 계셨다.

시골인심이 묻어나는 편안한 어르신들께서 악수를 청하시어 서로 인사를 주고받으며 식사를 먼저 하자 하신다.

문중에선 점심으로 닭도리탕을 미리 준비해 주셨는데, 우리 한가락 인원에 비해 너무 많은 양을 준비하셔서 실컷 먹을 수 있었다. 아무리 먹어도 줄어들지 않는 양이라 남기지 않을 수가 없었다. 음식 남기면 안 되는데 어쩔 수 없이 남길 수밖에….

배부르게 먹고 산소에 올라가는데 날씨가 덥기도 하지만 가파른 길이어서 온몸이 땀으로 흠뻑 젖어들었다. 아무리 더워도 연세가 80이 넘으신 분들이 많아 더운 티도 낼 수가 없었다.

어르신들의 건강을 걱정하며 오르는데 역시 우리 중관 선생님께서 맨 앞에 서서 오르시는 모습이 한 마리 학이 춤을 추는 듯 가볍게 올라가시니, 보는 사람도 절로 따라 걷게 된다. 어쩜 젊은 사람보다 발 디딤이 더 빠르게 움직이시니 아마도 정신력으로 저절로 저리 되시는 것 같다.

산소에 올라 참배를 올리고 단체사진도 찍었으며, 산세를 살피시던 중관 선생님께서는 그늘도 없는 땡볕에서 산소자리에 대한 설명을 해주셔서, 그늘로 옮겨갔으면 하는 바램으로 옮기기를 아무리 권해도 그 자리에서 설명을 하시니 꼼짝없이 모두들 하루 중 가장 더운 오후 2~3시에 귀를 쫑긋 세우고 들을 수밖에 없었다.

이곳은 1960년에 우연히 비석이 발견되어 확인 결과 선영의 묘로 밝혀졌다고 하시니, 이렇게 훌륭하신 어르신의 산소를 모르고 있다가 알게 되었으니 문중의 일을 보시는 분들이 서둘러 고증을 거쳐서 알리고 다듬어 문중의 자랑으로 만들어 놓으셨다.

오늘이 있기까지 얼마나 많은 어려움이 있었겠으며, 그 넘치는 환희, 기쁨은 또한 얼마나 컸을까 …. 문중 회장님께서 앞장서서 살피시며 신경을 유난히 쓰고 계셨다. 오늘도 바쁜 일이 많으실 테지만 우리 한가락을 맞이하여 주시고 자세한 설명도 잊지 않고 해주시며 하나라도 빼먹을까 신경 쓰고 계시는 게 눈에 보였었다.

우리는 옥윤정(玉潤亭)에 올라 땀을 식히며 준비해간 자료공부를 하였다. 역시 중관선생님의 우렁찬 목소리는 더위도 한방에 싹 날려버린다.

언제 들어도 선생님의 시원한 목소리는 88세의 연세가 전혀 느껴지지 않는 힘이 넘치는 젊은 청년, 기가 목 가득 담겨있는 젊은이의 목소리이다.

옥윤정을 가득 메운 기를 우리에게 전해주시는 중관 선생님의 정성으로 만드신 자료이다.

박공은 ~ 하고 울려 퍼지는 선생님의 강의는 대략 40여 분 지속되었다.

박원룡(朴元龍)공은 순천박씨로 대대로 나라에 공을 세운 집안에서 태어났으며, 고려 말 나라가 어지러우니 많은 어려움을 당했다. 신군부 권신들의 박해를 당해 김종연 모의 사건에 연루되어 귀양을 다녀오기도 했다.

결국 공은 아버지를 따라 시골로 내려가 산수를 소요하며 벼슬에 뜻을 버리고, 새 조정에 협력하지 않았고, 옛 임을 향한 일편단심의 마음으로 절개를 굳게 지키며 농사를 지었고, 울컥하는 마음이 생기면 시를 지어 달래면서 살았다.

공에 대한 공부는 번역이 되었기에 간략하게 적어보았다.

물질만능의 시대에 살면서 공에 대한 공부는 많은 생각을 낳게 하였다.

조금만 몸을 굽혀도 편히 살 수 있는 길을 피하고 고집스레 절개를 지키며 힘들게 사셨던 공의 행동에 대하여 깊은 감동을 받았다.

공부를 마치고 바로 길 건너편에 있는 빙옥정에 올랐다.

빙옥정은 사위와 장인이 한마음으로 존경하며 잘 지냈던 정자이다.

사위와 장인이 잘 지내기란 쉬운 일이 아닐 진데, 서로 존경하며 의논하던 아름다운 뒷이야기가 오늘날까지 많이 전해지고 있다.

빙옥정은 잘 정돈되어 있기도 하지만 경치가 너무 좋아 사진으로 남겨놓기에도 일품인 장소에 있다.

휘날리는 글씨체로 보기 좋게 빙옥정(氷玉亭)이라 크게 이름 붙여놓았다. 나도 사진 몇 장 찍고 서울행을 서둘렀다.

오늘도 한 장의 역사를 배우고 또 새로이 새기면서 하루를 마쳤다. 한시 2수를 곁들인다.

노산당 전향아 씀.

梧南 李鍾寬

勝景楊江山水咸 淸南故洞古齋鑑
승경양강산수함 청남고동고재감

松風颭颭歌貞數 灘籟涓涓頌節諵
송풍점점가정삭 탄뢰연연송절남

投紱歸鄕詩酒樂 韜光遁跡讚王巖
투불귀향시주락 도광둔적찬왕암

祖孫父子一門赫 靑史令名千萬鑱
조손부자일문혁 청사영명천만참

영동 양강은 산수가 모두 뛰어난 경치인데
청남고동에 옛 재실이 밝구나.

송풍은 살랑 불어 정절을 노래하고
탄뢰는 끊임없이 절의를 찬송하여 시끄럽도다.

투불 귀향하여 시주를 즐기고
종적을 감춘 채 고려조를 찬송함이 높도다.

조손부자 일문이 빛나니
청사에 아름다운 이름 천만세토록 깊이 새겼도다.

抒洧 趙京彙

流月山川靑綠咸 吉同深谷一齋鑑
유월산천청록함 길동심곡일재감

瓦家楣板永思筆 門側松林氷玉諵
와가미판영사필 문측송림빙옥남

父子鐊心投紱義 婿翁狷志歸鄕巖
부자견심투불의 서옹견지귀향암

後生敎道盡誠裏 萬歲儒風無語鑱
후생교도진성리 만세유풍무어참

6월 산천 다 청록인데
영동 심곡에 한 재실이 밝게 있네.

기와집 처마 밑 현판에 영사재라
문 곁 송림엔 빙옥정이 있도다.

부자의 깨끗한 마음 벼슬도 버리어 의롭고
사위와 장인은 고집스런 뜻 귀향하여 드높았다.

후생을 가르치며 인도함에 정성을 다하니
만세의 유림풍속 무언의 새김이 되리로다.

316. 판서공묘(判書公墓)에서

아버지 뒤를 따라
큰 집안 지키리라

그 옛날 몇 온 해냐
나라를 처음 세운

그 때의 할아버지로
한결같이 뻗는다

최중관

▲판서공묘

▲ 판서공모 앞에서

▲ 판서공 묘비

▲ 판서공 공부를 하며

316. 判書公墓(판서공묘)

判書公墓在忠淸北道陰城郡遠南面馬松里公諱長生順
판서공묘재충청북도음성군원남면마송리공휘장생순

天人其先出新羅王高麗初開國功臣諱英規三重大匡公
천인기선출신라왕고려초개국공신휘영규삼중대광공

始祖也祖諱淑貞高麗寶文閣大提學考諱元象工曹典書
시조야조휘숙정고려보문각대제학고휘원상공조전서

壬申變易投紱歸鄕杜門自靖世稱麗末八靖也妣南陽洪
임신변역투불귀향두문자정세칭여말팔정야비남양홍

氏安東都護府使彦猷女以生四男長曰首生郡事次曰公
씨안동도호부사언유녀이생사남장왈수생군사차왈공

次曰安生義盈庫使次曰易生判官也公生於勳閥門懷大
차왈안생의영고사차왈이생판관야공생어훈벌문회대

志大科後歷華職至吏曹判書及麗末以軍閥亂政不樂仕
지대과후역화직지이조판서급여말이군벌난정불락사

宦暫出開城尹退去于陰城馬溪下駕龍村杜門絶世事堅
환잠출개성윤퇴거우음성마계하가룡촌두문절세사견

守三韓甲族之矜持以終也村後直洞之北數步許有公之
수삼한갑족지긍지이종야촌후직동지북수보허유공지

萬年幽宅壬坐丙向陽地也山秀水淸而古眞君子棲息隱
만년유택임좌병향양지야산수수청이고진군자서식은

遯之良處也配坡平尹氏判典儀寺事承休女墓祔公兆也
둔지양처야배파평윤씨판전의시사승휴녀묘부공조야

嗚呼父子雙節兮養志庭訓誠孝哉祖孫叔姪同心兮麗末
오호부자쌍절혜양지정훈성효재조손숙질동심혜여말

一門狷心哉高麗建國功臣兮三重大匡始祖哉也讚曰
일 문 견 심 재 고 려 건 국 공 신 혜 삼 중 대 광 시 조 재 야 찬 왈

匹馬初秋出走東　陰城陽地一墳椌
필 마 초 추 출 주 동　음 성 양 지 일 분 공

千年幽宅繒衾娜　十丈碑身吐語瓏
천 년 유 택 증 금 나　십 장 비 신 토 어 롱

投紱遠藏從父義　厭新探故守門崧
투 불 원 장 종 부 의　염 신 탐 고 수 문 숭

溪淸山秀明堂裏　蔭德繁昌萬世通
계 청 산 수 명 당 리　음 덕 번 창 만 세 통

316. 판서공묘(判書公墓)

판서공묘는 충청북도 음성군 원남면 마송리에 있다. 공의 휘는 장생이요 순천 사람이다.

그 선조는 신라왕으로부터 나왔고 고려개국 공신 휘 영규는 삼중대광공으로 시조이시다.

조의 휘는 숙정이요 고려보문각 대제학이시다.

고의 휘는 원상이요 공조전서로 임신년 변역에 인끈을 풀고 고향으로 돌아가 문을 닫고 스스로 조용히 지냈으니 세상 사람들이 칭하기를 여말에 8정 중 한분이라고 했다.

어머니는 남양홍씨로 안동도호부사 언유의 딸이다.

4남을 낳았으니 장남은 수생이요 군사였고, 둘째는 공이고, 셋째는 안생이요 의영고사였고, 막내는 이생이요 판관이었다.

공은 나라에 큰 공을 세운 집안에서 태어나 큰 뜻을 품고 대과에 합

격하여 여러 좋은 직책을 거쳐 이조판서에 이르렀다.

고려 말 군벌의 난을 당하여 정치가 어지러워지니 벼슬에 뜻을 두지 않고 잠깐 나아가 개성윤이 되었다가 물러나 음성 마계 아래 가용촌으로 내려가 문을 닫고 세상과의 일을 끊고, 굳게 삼한갑족의 긍지를 지키다 돌아가셨다.

마을 뒷산 직동 언덕 북쪽으로 여러 걸음쯤에 만년의 유택을 만들었으니 임좌 병향 양지바른 땅이다.

부인은 파평윤씨로 판전의시사 승휴의 딸로 공과 합장하였다.

오호라 아버지와 아들의 쌍절개여! 가훈의 뜻을 받들어 지극한 효도를 함이로다.

할아버지와 손자, 아저씨, 조카 모두 한 마음이로다.

여말 한집안의 굳은 마음일진저, 고려개국공신이여 삼중대광이 시조이로다. 기려 노래하노니,

가을 초에 필마를 달려 동으로 나아가니
음성군 양지바른 언덕에 한 무덤이 정성스럽도다.
천년 유택이 고은 비단이불을 덮고 있으며
열 길 비석은 구슬 같은 말들을 토해내고 있도다.
인끈을 벗어던지고 멀리 숨어든 아버지의 의로움을 따라
새로움을 싫어하고 옛것을 좋아하는 집안의 높음을 지켰도다.
맑은 물과 빼어난 산속에 잡은 명당자리 속에
음덕으로 번창하여 만세토록 통하리도다. 전

누리 안 다툼질로
싸움꾼 가득하니

인끈에 묶인 걱정
단숨에 끊어 내어

이제야 아버지 뜻이
처음처럼 늘 같게

욕천 최장호

칼 같은 한마디로
여우의 꼬리 밟아

중 하나 벌벌 떨다
기어이 품은 앙심

귀양길 떠나가면서
하늘보고 웃었네

노산당 전향아

아들이 아배 따라
큰 집안 지키리라

그 옛적 몇 온 해냐
처음에 나랄 세운

그 때의 으뜸 할배로
한결같이 뻗는다

갑고 홍영표

올곧은 집안이라
벼리의 뿌리로다

아버지 아들 아들
참 길은 하나로다

눕자리 두레솔만이
깨끗하게 둘렀다

안일당 이원희

아들이 아버지 길
물음표 필요한가

그들의 그때 그날
오늘을 밝혔으니

한 번 더 잊지 말자고
되새김질 해본다

설전 임준신

사람의 삶 가운데
어느 게 값진 건가

아버지 뒤를 이어
그 뜻을 따랐으니

높은 속 뉘뉘로 빛나
집안 크게 이뤘네

우인 경우수

칼 같은 바른 말로
여우를 건드렸네

나라만 생각하며
좋은 길 일러줘도

그때가 맞지 않는가
알아듣지 못하네

가산 임봉훈

가파른 묏자리가
꿋꿋한 그 맘이라

아버지 따르는 길
내 집안 일으켰다

즈믄 해 그때부터다
살아왔다 올곧게

오남 이종관

빛바랜 돌 선비는
누운 임 말씀 이어

내나라 굳게 지킬
굳은 힘 솟음이라

햇님도 어제 오늘 낼
내려 받는 그 마음

서천 조경휘

판서공묘(判書公墓)에서

세온열여섯 번째 한가락 모임
때 : 4349(2016)년 8월 6일, 토요일, 맑음
곳 : 판서공묘 - 충청북도 음성군 원남면 마송리

오늘은 한가락 역사탐방 삼백열여섯 번째 충청북도 음성군 원남면 마송리 순천박판서공의 유적(遺跡)을 찾아가는 날이다. 내일은 절기상으로 입추(立秋)로 중복(中伏)과 말복(末伏) 사이로 더위가 물론 한창일 때이지만, 작년 올해 들어서 더위가 더욱 심하다. 9시 사당역을 출발하여 예술의전당 앞을 지나 서초나들목을 통해 고속도로로 올라서니 멀리 왼쪽으로 대모산, 오른쪽으로 청계산의 녹음이 짙푸르다. 오랜만에 초계 선생이 하얀 모시옷을 곱게 차려입고 나오시고, 중관 선생님을 위시하여 갑고 선생님, 가산, 설전, 이선 여사님 욕천, 노산당, 조경휘 씨 그리고 안일당이 박해랑 님과 노춘래 님을 모시고 나와, 차가 작아 그런대로 좌석이 여유 있게 찬 모습이다. 모두들 휴가를 떠났는지 도로는 소통이 원활(圓滑)하다.

우리나라는 요즈음 북쪽의 어린 지도자가 세상경험도 일천한데 권력은 너무 커서 보통 사람인 우리들조차 불똥이 어디로 튈지 참으로 위태롭기 짝이 없는 상황(狀況)을 느끼고 있다. 거기다 심심하면 한 번씩 핵실험도 하고 미사일도 쏴 대서 우리나라에서는 이에 대한 방어(防禦)를 위하여 미국과 협조(協助)하여 고고도 대비 장비(裝備)를 설치(設置)하려하니 이웃 나라 중국에서는 연일 우리나라에 설치 반대를 압박하는 게 꼭 조선조 말기 열강(列强)들 틈바귀에서 국가적 곤경(困境)에 처했던 일들을 연상(聯想)하게 한다. 우리나라는 열강들 틈바구니에 끼어서 그야말로 편안한 날이 없었던 것 같다. 멀리는 수당(隋唐)의 침입(侵入), 근세조선에서도 임진병자

(壬辰丙子) 왜호란(倭胡亂)을 비롯하여 6.25사변(事變) 등 일일이 다 열거(列擧)할 수가 없다.

9:50 평택(平澤) 제천(堤川)간 고속도로로 들어섰다. 요즈음은 휴가철이라 도시(都市)는 비었고 도로는 한산(閑散)하다. 옛날의 휴가 풍경(風景)은 냇가에서 천렵(川獵)을 하거나 멱을 감는 게 고작이었는데 요즈음은 바닷가로 가거나 비행기를 타고 외국으로도 많이들 나가니 그야말로 격세지감(隔世之感)이 있다. 대소를 지나 더 나아가다 11:00 음성나들목을 나와 조금 앞으로 나아가니 원담 가든휴게소에서 문중 총무 박삼규 님이 나와 우리를 기다리고 있었다. 우리는 그의 안내를 따라 시골 마을길로 접어들었다. 논에는 따사로운 햇빛을 받아 벼들이 검푸르고 옆에는 인삼밭이 보인다. 인삼밭 옆으로 복숭아 과수원이 보이고 조금 더 나아가다 묘소(墓所)입구에 이르렀다.

묘소는 그리 높지 않았다. 묘소에 오르니, 오석(烏石)에 갓을 씌운 묘비(墓碑)에 자헌대부행이조판서순천박공휘장생지묘임좌배정경부인파평윤씨부(資憲大夫行吏曹判書順天朴公諱長生之墓壬坐配貞敬夫人坡平尹氏祔)라 반듯하게 새겨져있다. 우리는 따가운 햇볕을 받으며 언덕을 올랐다. 묘소는 문인석과 상석, 촛대석이 있는데 위 아래로 분상이 이단으로 모셔져 있다. 도굴을 염려해서 그리하였다고 하는데, 아마 그 밑으로 육신의 화(禍)가 있어 그것이 그에 미칠 것을 염려(念慮)하지 않았나 하는 생각을 해본다. 우리는 묘소 앞에서 옷깃을 여며 단정히 하고 나란히 서서 예(禮)를 올리고, 이어 기념사진을 찍었다.

묘소 참배를 마치고 우리는 다시 차를 타고 거기서 조금 떨어진 오가네 식당으로 자리를 옮겼다. 그리고 서로 인사를 나누고 공부에 들어갔다. 박문의 선대는 신라에서 나왔으며 고려 개국공신 삼중대광 영규공이 공(公)의 시조(始祖)이시나 그 후의 대수(代數)를 헤아릴 수 없고, 삼일포(三日浦)의 사선정(四仙亭), 강릉(江陵)의 경포대(鏡浦臺), 울진(蔚珍)의 취운루(翠雲樓)를 창건(創建)하신 조부(祖父) 고려보문각대제학숙정공(高麗寶文閣大提學肅靖公)을 시조로 계대(繼代)하며, 몇 해 전 탐방(探訪)했던 대전의 전서

공이 공의 아버님이시니, 임신변혁(壬申變革) 후 벼슬을 버리고 낙향(落鄕)하여 문을 걸고 깨끗이 살다 마치신, 세칭(世稱) 여말 팔정 중의 한분이시다. 공은 어려서부터 훈벌문(勳閥門)에서 태어나 큰 뜻을 품고 여러 화직(華職)을 거쳐 이조판서(吏曹判書)에 이르렀을 때, 군벌(軍閥)들의 정치가 어지러워 잠깐 개성윤(開城尹)으로 나갔다가, 물러나 음성 마계 아래 가룡촌에 숨어들어 문(門)을 걸고 세상일과 인연(因緣)을 끊고, 삼한(三韓) 갑족(甲族)의 긍지(肯志)를 지키며 생(生)을 마쳤다. 선생님이 공(公)에 대한 강의(講義)를 마치고 문중(門中) 사연을 묻자, 순천박씨중앙종친회 박영헌 회장께서 그간의 여러 집안 여러 사정들을 말씀해 주셨고, 이어 선생님이 지으신 찬(讚)과 시조(時調)의 해설(解說)과 창(唱)으로 공부를 마쳤다.

이어 이 식당에 주 메뉴인 두부김치를 기본으로 이 집에서 직접 지은 채소로 만든 김치와 고추무침, 이 고장 막걸리를 곁들여 맛있는 점심을 차려 내와 맛있는 점심을 먹었다. 식사 후 차를 한잔씩 마시고, 여기까지 온 김에 동(同)면 옆 마을에 있는 한국이 낳은 세계적 인물 반기문 유엔사무총장의 생가 마을을 둘러보기로 하였다. 생가마을은 거기서 2~3Km정도로 그리 멀지않았다. 마을에 들어서니 종중어른을 모시는 사당이 있고, 그 앞에는 보덕정(普德亭)이라고 조그만 정자(亭子)가 세워져 있으며, 마을 뒤로는 여러 이름으로 여러 전설이 전해지는 삼신산(普德山,行雉山)이 있고, 그 아래 조그만 마을이 편안히 자리 잡고 있다. 왼쪽으로 조금 들어가니 기념관이 있고, 그 뒤에는 생가가 복원(復元)되어 있었다. 기념관에는 그간 유엔사무총장으로서 활동한 여러 모습들이 사진으로 전시(展示)되어 있다. 우리나라에서 이런 훌륭한 인물(人物)이 태어나다니 그야말로 장(壯)한 일이 아닐 수 없다. 사람의 삶에는 운(運)도 있고, 의지(意志)도 있겠지만, 우리가 할 수 있는 건, 우리가 할 수 있는 일을 다 한 다음에 하늘의 명(命)을 따름 아니겠는가? 세상의 길은 다 다르니 자기 갈 길을 그냥 열심히 갈 뿐이로다.

우리는 대략 한 시간 정도 머물며 이곳을 둘러보고 서울로 향했다. 고속도로는 상행선도 한가로웠다. 3시쯤 반기문 생가(生家)를 출발해서 음성

교차로, 무극 전적 유적지, 반제터널을 지나고 경부고속도로로 들어서서 한창 신축중인 동탄신도시 건설 현장을 지나 4:50 사당역에 도착해 오늘 역사탐방을 마치었으며, 오늘 문중에서는 박영헌 순천박문종친회장님을 비롯하여 박상근 부회장님, 박해금 종친회장님. 종손 박삼규 님, 판서공 박희동, 박찬규, 박노욱, 박노태 님이 함께 하여 판서공을 기리는 자리를 더욱 빛냈다. 한시 2수를 곁들인다.

우인 경우수 씀.

梧南 李鍾寬

秋孟仍忽匹馬東　遠南直洞古封悾
추 맹 잉 홀 필 마 동　원 남 직 동 고 봉 공

綠苔幽宅氣藏特　碧蘚玄碑心志瓏
녹 태 유 택 기 장 특　벽 선 현 비 심 지 롱

始祖原勳開國赫　後孫投紱杜門崧
시 조 원 훈 개 국 혁　후 손 투 불 두 문 숭

一家雙節萬年壯　千載繁昌千里通
일 가 쌍 절 만 년 장　천 재 번 창 천 리 통

첫가을 음성에 필마를 타고 동쪽 가니
원남면 직동에 옛 무덤이 정성스럽구나.

녹태 낀 유택은 기를 감추어 우뚝하고
벽선현비는 심지를 영롱하게 기록했도다.

시조는 고려개국의 원훈이 혁혁하고
후손은 왕손을 그려 투불 두문하였도다.

일가부자 쌍절은 만년토록 장한 일이요
천년번창에 천리를 형통하리로다.

抒洊 趙京彙

流火炎天車向東 馬松南麓一塋悾
유 화 염 천 거 향 동 마 송 남 록 일 영 공

烏碑深劃迎賓喜 白石笑顔遵歲瓏
오 비 심 획 영 빈 희 백 석 소 안 준 세 롱

投紱歸鄕持節碻 杜門絶世狷心崧
투 불 귀 향 지 절 확 두 문 절 세 견 심 숭

思君憂國衝然裏 順朴高風萬世通
사 군 우 국 충 연 리 순 박 고 풍 만 세 통

7월 무더운 날씨에 동쪽으로 향하니
마송리 남쪽 언덕에 한 무덤이 정성스럽다.

검은 비석의 깊이 새긴 글은 손님을 맞아 기쁜 듯
흰 문인석의 웃는 얼굴은 오랜 세월 속에 환한 모습.

벼슬을 내버리고 시골로 귀향한 것은 절개를 굳게 지킴이요
문을 닫고 세상과 끊음은 고집스러운 마음이 우뚝 솟음이라.

임금을 생각하고 나라를 걱정함의 우뚝 서있는 모양 속에
순천박씨 높은 기풍이여 만세토록 통하여라.

317. 추원정(追遠亭)에서

미추홀 할아버지
바른 말 마다하랴

따님도 할 말 하다
멀리로 귀양 가니

세 아들 아버지 따라
시골살이 즐기네

최중관

▲추원정

▲ 추원정 앞에서

▲ 시중공 신도비

▲ 추원정 공부를 하며

317. 追遠亭(추원정)

追遠亭在慶尙南道陜川郡三嘉面下板里李侍中公追慕
추 원 정 재 경 상 남 도 합 천 군 삼 가 면 하 판 리 이 시 중 공 추 모

處也公諱作臣仁川人高祖諱顗門下侍郎平章事曾祖諱
처 야 공 휘 작 신 인 천 인 고 조 휘 의 문 하 시 랑 평 장 사 증 조 휘

資德中書侍郎平章事祖諱之和尙衣考諱惟實中書舍人
자 덕 중 서 시 랑 평 장 사 조 휘 지 화 상 의 고 휘 유 실 중 서 사 인

妣俠溪裵氏祗候允才女以生公自幼穎異及長非獨忠孝
비 협 계 배 씨 저 후 윤 재 녀 이 생 공 자 유 영 이 급 장 비 독 충 효

持名門之矜嚴忠烈王朝登第歷華職至侍中女爲恭愍王
지 명 문 지 긍 엄 충 렬 왕 조 등 제 역 화 직 지 시 중 녀 위 공 민 왕

妃王惑於辛旽公以元老大臣直諫不辭亦妃時時進諫遂
비 왕 혹 어 신 돈 공 이 원 로 대 신 직 간 불 사 역 비 시 시 진 간 수

忤王意公及妃共被貶出卽今三嘉也後王作延德宮百間
오 왕 의 공 급 비 공 피 폄 출 즉 금 삼 가 야 후 왕 작 연 덕 궁 백 간

賜妃未幾公卒于其貶所子孫因居縣南兎洞至今有其址
사 비 미 기 공 졸 우 기 폄 소 자 손 인 거 현 남 토 동 지 금 유 기 지

也墓在馬壯洞卯坐酉向也有三男一女長曰漸少監寶文
야 묘 재 마 장 동 묘 좌 유 향 야 유 삼 남 일 녀 장 왈 점 소 감 보 문

閣學士見麗季政亂悠然恬退奉老養志與一時名流逍遙
각 학 사 견 여 계 정 난 유 연 염 퇴 봉 로 양 지 여 일 시 명 류 소 요

山水以終次曰勣三嘉戶長從父終身次曰泊恭愍朝以太
산 수 이 종 차 왈 직 삼 가 호 장 종 부 종 신 차 왈 박 공 민 조 이 태

師命招公隱於報恩箕山作歌曰味好哉味好哉採箕山之
사 명 초 공 은 어 보 은 기 산 작 가 왈 미 호 재 미 호 재 채 기 산 지

薇矣高節哉高節哉周伯夷之義矣終老林泉以卒又有長
미 의 고 절 재 고 절 재 주 백 이 지 의 의 종 로 임 천 이 졸 우 유 장

孫曰榅典醫監正字直卿號永慕齋性純孝家貧難繼甘旨
손 왈 온 전 의 감 정 자 직 경 호 영 모 재 성 순 효 가 빈 난 계 감 지

天告悶忽大雷電櫃自天落下卽米櫃也其中有供三年之
천 고 민 홀 대 뢰 전 궤 자 천 락 하 즉 미 궤 야 기 중 유 공 삼 년 지

養親也當親喪翌日復雷電櫃忽不見人皆驚異至今號其
양 친 야 당 친 상 익 일 부 뢰 전 궤 홀 불 견 인 개 경 이 지 금 호 기

野電坪時喪禮士大夫皆百日公獨三年廬墓哀毁踰制事
야 전 평 시 상 예 사 대 부 개 백 일 공 독 삼 년 려 묘 애 훼 유 제 사

聞于朝驪興王九年癸亥國王遣按廉使呂克珚固城郡事
문 우 조 여 흥 왕 구 년 계 해 국 왕 견 안 렴 사 여 극 연 고 성 군 사

崔卜燐豎雙碑以旌之及麗末與鄭圃隱夢周李石灘存吾
최 복 린 수 쌍 비 이 정 지 급 여 말 여 정 포 은 몽 주 이 석 탄 존 오

李遁村集諸賢相友善深排異端扶植斯文堅持父祖之義
이 둔 촌 집 제 현 상 우 선 심 배 이 단 부 식 사 문 견 지 부 조 지 의

以林泉之樂終世也其後新朝英祖時重輯閭閣丹碧享于
이 임 천 지 락 종 세 야 기 후 신 조 영 조 시 중 집 여 각 단 벽 향 우

龍淵書院也碑閣道有形文化財也讚曰
용 연 서 원 야 비 각 도 유 형 문 화 재 야 찬 왈

處暑已過促近冬　陝川停轡古亭恭
처 서 이 과 촉 근 동　합 천 정 비 고 정 공

楣名追遠後孫恪　烏石銘言先祖丰
미 명 추 원 후 손 각　오 석 명 언 선 조 봉

一女王妃同父諫　三男誠孝守門顒
일 녀 왕 비 동 부 간　삼 남 성 효 수 문 옹

邵城李閥至麗末　義氣凝延天上衝
소 성 이 벌 지 여 말　의 기 응 연 천 상 충

317. 추원정(追遠亭)

추원정은 경상남도 합천군 삼가면 하판리에 있다. 이시중공을 추모하는 곳이다.

공의 휘는 작신이요 인천사람이다.

고조의 휘는 애요 문하시랑평장사이다. 증조의 휘는 자덕이요 충서시랑평장사이다. 조의 휘는 지화요 상의이다. 고의 휘는 유실이요 중서사인이다.

어머니는 합계배씨로 저후 윤재의 딸이다.

공을 낳았으니 어려서부터 특이하였고 자라면서 충효뿐만 아니라, 이름 있는 집안의 엄격한 긍지를 가지고 충렬왕조에 과거에 올라 화려한 직책을 지나 시중에 이르렀다.

따님이 공민왕의 비가 되었고, 왕이 신돈에 미혹되자, 공과 원로대신으로써 직간 올리기를 마다하지 않았다.

왕비 또한 때때로 나아가 바른말로 간하였다.

결국 왕의 뜻을 거슬러 공과 비가 함께 깎임을 당해 삼가리로 내침을 당했다.

후에 왕이 연덕궁 백 칸을 지어 왕비에게 주었다.

얼마 후에 공이 귀양지에서 돌아가셨다. 자손들이 따라와 남쪽 토동에 살고 있어 지금에 이르도록 그 땅에 살고 있다. 묘소는 마장동 묘좌서향에 있다.

삼남 일녀가 있으니 장남은 점이요 소감 보문각학사였다.

고려 말에 정치가 어지러워짐을 보고 유연히 웃으며 물러나 어른들 봉양하는데 뜻을 두고 한때에 이름 있는 선비들과 더불어, 물 좋고 산 좋은 곳을 소요하며 일생을 마쳤다.

둘째는 적이요 삼가리 호장으로 종신토록 아버지의 뜻을 따랐다.

셋째는 박으로 공민왕조에 태사로 아버지의 명을 따라 보은 기산으로 숨어들었다.

노래를 지어 말하기를,

맛이 좋아라 맛이 좋아라 기산의 고사리를 캐노라.

높은 절개여 높은 절개여 주나라 백이의 의로움이로다.

마침내 늙어서 시골에서 돌아갔다.

또 장손이 있었으니 온이요 전의감 우두머리였다. 자는 직경이요 호는 영모재로 성품이 온순하며 효도가 깊었다.

집이 가난하여 어버이에게 맛있는 끼니를 대접하기가 어려웠다.

하늘을 우러러 마음을 고하노니 갑자기 천둥 번개가 치더니 하늘로부터 큰 궤짝이 떨어졌으니 즉 쌀 궤짝이었다.

그 속에 3년 동안 아버지를 봉양할 수 있는 쌀이 들어있었다.

아버지 상을 당한 다음날에 다시 우레가 치더니 갑자기 궤짝이 보이지 않아 사람들이 모두 이상함에 놀랐다.

지금에 이르러 그 들판을 전평이라 부르고 있다.

때에 상례는 사대부는 모두 백일이었는데, 공은 홀로 3년을 시묘살이를 하였다.

슬픔이 지나쳐 몸이 쇠약해지니, 제도를 넘어섰기 때문이다.

소문이 조정에 까지 들려 여흥왕 9년 계해에 국왕이, 안렴사 여극인과 고성군사 최복인을 보내 쌍비로 효자비 백비 두 개를 세워 표창해 주었다.

고려 말에 포은 정몽주, 석탄 이존오, 둔촌 이집 등 모든 어진 이들과 더불어 서로 벗으로 잘 지냈다.

깊이 이단을 물리치고 사문의 예법을 붙들어 잡아 심기에 애썼다.

굳게 조부의 뜻을 따라 지켜가면서 임천에서 즐기다가 세상을 마쳤다.

그 후에 새 조정이 들어서고, 영조 때에 거듭 집을 지어주고 단청을 칠하고 용연서원에서 제사를 받들도록 하였다.

비각은 도의 유형문화재로 지정되었다.

기려 노래하노니,

처서가 이미 지나 가까이 겨울을 재촉하는데
합천에 말고삐를 멈추니 옛 정자 공손하도다.
현판 이름은 추원인데 먼 조상을 추모하려는 뜻이요
까만 돌에 새긴 말씀은 선조의 꽃다운 이야기로 가득하도다.
따님은 왕비로서 아버지와 함께 임금을 말렸고
아들들은 정성으로 효도하며 집안의 큰 어른들을 지켰도다.
소성에 사는 높은 이씨 문중 여말에 이르러서
의로운 기운이 엉겨 뻗어 하늘 꼭대기까지 찌르는구나. 전

바른 말 거슬리랴
틀린 말 아니라오

잘 갖춘 세 아들도
옳은 길 어김없다

부딪쳐 소리가 난다
휘어잡은 하늘 말

욕천 최장호

옳은 말 곧은 마음
따님도 이어받아

지아비 바로 잡다
귀양 온 머나 먼 땅

새로이 온 칸 집 지어
달래주는 임금님

노산당 전향아

어진 골 할배로다
바른 말 그만 두랴

그 딸도 할 말 하다
멀리로 귀양 가고

세 아들 아버지 좇아
시골 삶을 반기네

갑고 홍영표

때때로 바른 말에
멀리로 귀양간 임

그 아비 그 딸이라
귀한 옷 벗었더라

뉘뉘로 이름난 집안
거듭 찾아 왔었다

안일당 이원희

임금과 가시버시
사랑만 먹고살지

아버지 아들에다
날그 딸도 올곧았네

멀리로 보내놓고서
마음 아픈 임금님

설전 임준신

미추홀 내린 뿌리
줄줄이 이어 내려

뉘뉘로 빛난 자취
눈부신 집안일세

아버지 세 아들과 딸
귀양에도 간 한길

우인 경우수

미추골 어진이들
아버지 그 아들딸

바른말 좋아하여
하늘 뜻 거스린다

귀양길 마다않고 간
기산골이 고향땅

가산 임봉훈

바른 말 미움 사서
멀리로 귀양 갔네

아비를 닮은 딸인
임금의 아내마저

쫓겨나 지킨 옳은 길
선비집안 지켰다

오남 이종관

저 들판 기와집은
먼 님을 기리는 곳

받은 맘 굳게 지켜
모심도 모두 다해

하늘서 기쁜 궤 내려
어진 기운 이으리

서천 조경휘

추원정(追遠亭)에서

세온열일곱 번째 한가락 모임
때 : 4349(2016)년 9월 3일, 토요일, 맑음
곳 : 추원정 - 경상남도 합천군 삼가면 하판리

오늘은 경남 합천에 있는 인천이씨의 문중인 시중공(侍中公)의 추모처를 찾아가는 길이다. 올해는 유난히 더워 말복이 지났어도 한낮의 더위는 뜨끈뜨끈 하여 아스팔트가 녹아내릴 것 같다. 추위도 힘들지만 무더위 또한 참아내기가 쉽지 않다는 것을 새삼 느낀다. 항상 그렇듯 한 달에 한 번 가는 역사 탐방이기에 차안은 그동안의 안부와 정담으로 지루하지 않게 이 먼 곳에 도착하였다.

문중 분들의 안내를 받아 한눈에도 거대한 기와건물이 있는 추원정을 둘러보았다. 추원정은 너무 오래되어 후손들이 신축하였다고 하는데 용연서원 서쪽 정당 5칸 좌우에 동재(東齋) 서재(西齋)가 또 감로문(甘露門)이 신축되어 있었다. 뒤에는 거대한 산이 푸근하게 둘려있고 넓은 들판에 널찍널찍 하게 지어져 이씨 문중이 대대로 명문임을 알 수 있었다.

언제나처럼 중관 선생님께서 준비하신 자료로 공부를 시작하였다.

시중공의 휘는 작신으로 공민왕 때 시중을 지내신 분이다. 공의 아버지는 諱 유실(惟實)로 벼슬이 중서사인(中書舍人), 어머니는 협계배씨(俠溪裵氏)셨다. 공은 어려서부터 남달리 영특하여 자람에 미쳐 과거에 급제하여 벼슬이 시중공에 이르렀으며, 공의 따님이 공민왕의 왕비가 되셨다 한다. 그러나 간신 신돈의 횡포로 나라가 문란하여지니 공은 직간을 사양치 않고 누차 간하였고, 따님 왕비 또한 때때로 간하여 시중공과 왕비는 내쫓겨 이곳 삼가면으로 오게 되었다고 한다. 인천이씨가 명문으로 임금이 신하에

게 나누어준 모든 것을 신돈이 제 맘대로 다 빼앗아 갔다고 하니 어처구니 없다. 뒤에 공민왕이 연덕궁 100칸 집을 지어주었다 한다. 그 후 공은 돌아가고 자손들이 이곳 토동으로 와서 살았다고 한다.

지금도 터가 남아있다고 하며, 공의 묘소는 마장동 동쪽에서 서쪽인 묘좌서향(卯坐西向)이다. 공의 맏아들 諱 점(漸)은 소감보문각학사(少監寶文閣學士) 이셨으나 고려 말 정치가 어지러워지자 편안히 물러나 늙은 아버지를 모시고 마음을 받들어 뜻 같은 사람들과 소요하다 세상을 마쳤다고 한다. 둘째 아들 적(勣)도 아버지를 따라와서 호장(戶長)이 되었고, 셋째 박(泊)은 공민조에 태사로 세자였던 우왕을 가르쳤으나 사양하고 보은 기산에서 노래하기를, '미호재여 미호재여 채기산 미의로다〔味好哉味好哉採箕山薇矣〕.' 즉 맛이 좋도다 맛이 좋도다 기산의 고사리여 라고 노래를 하였다고 하니, 백이숙제의 의로움을 노래한 것이리라. 공은 이 시골에서 유유자적하며 생을 마쳤다고한다.

장손인 諱 온(榲)은 전의감정(典醫監正)으로 字는 직경(直卿), 號는 영모재(永慕齋)이었다. 공은 이름난 효자로 집안이 어려워 아버지 봉양이 힘들자, 하늘에 울며 고하니 갑자기 천둥 번개 치며, 하늘로부터 궤짝이 떨어져 보니 삼년동안 아버지를 봉양할 쌀이 들어있었다고 한다. 하늘도 공의 효성에 감동함이리라.

또한 아버지 상을 당하자 천둥번개가 치더니 쌀 궤짝이 없어졌다고 한다. 그때에 모두 100일 탈상을 하였으나 공은 삼년을 시묘살이 하며 너무 슬퍼하시니 몸이 망가졌다고 한다. 소문이 조정에까지 들려 여홍왕 9년에 왕이 안렴사와, 고성군사를 보내어 비석 두 개, 효자비와 백비를 내려주셨다고 한다. 또한 포은공, 둔촌공, 석탄공과 서로 벗하여 지내며 불교를 배척하고 공맹학을 숭상하였으며, 할아버지 아버지의 뜻을 섬겨 시골에서 생을 마쳤다고 한다. 조선왕조 때 영조가 거듭 집을 지어주고 단청까지 해주어 용연서원(龍淵書院)에서 제사를 받들게 하였다고한다. 효자 비각이 도 유형문화재로 지정되어 있어 인천이씨가 왜 명문인지를 다시 또 깨우쳐 주고 있었다.

오는 길에 남명 조식 선생의 복원한 생가와 뇌룡정 기타 유적을 둘러보고 서둘러 귀가 길에 올랐다. 한시 2수를 곁들인다.

안일당 이원희 쓰다.

梧南 李鍾寬

冬孟貞忠嚴酷冬 大良下板古亭恭
동맹정충엄혹동 대량하판고정공

雙碑凜凜後孫敬 獨榭堂堂先祖丰
쌍비늠름후손경 독사당당선조봉

父諫惑妖鄕貶怨 子貧雷米養喪顒
부간혹요향폄원 자빈뢰미양상옹

陜川月落漁帆宿 兎洞霜寒雁陣衝
합천월락어범숙 토동상한안진충

첫겨울 정충으로 혹한처럼 엄하고
합천 하판리에 옛 정자 공손하구나.

쌍비는 늠름하여 후손이 공경하고
독정은 당당하여 선조는 꽃답도다.

아비는 요승에 혹한왕을 간하다가 향폄을 원망하고
아들은 가난하여 뇌미로 친양 치상을 공손히 하였도다.

합천강가에 달이 지니 고깃배는 잠자고
토동 찬서리에 기러기 날아가는도다.

抒洊 趙京彙

鴈月禾垂非邈冬 三嘉兎洞一亭恭
안 월 화 수 비 막 동 삼 가 토 동 일 정 공

坪中瓦屋丹靑怳 檐下書痕黑白丰
평 중 와 옥 단 청 황 첨 하 서 흔 흑 백 봉

祖父貶流堅諫忤 長孫降樻孝純顒
조 부 폄 유 견 간 오 장 손 강 궤 효 순 옹

盡忠至奉堪輿感 仁李氳氤萬世衝
진 충 지 봉 감 여 감 인 이 온 인 만 세 충

팔월에 벼이삭 숙이니 겨울이 멀지 않은 듯
(경남 합천군) 삼가면 토동에 한 정자가 공경스러이 있는데

평원 가운데 기와집 단청이 황홀하고
처마 밑 글씨는 흑백으로 어울리는 듯

할아버지 유배는 굳건한 간언에 임금의 마음을 거슬렀고
장손에게 하늘에서 떨어진 궤는 효심의 순수함이 큼이라.

충성을 다하고 효성이 지극함에 하늘과 땅이 감동 받은니
인천이씨의 기운이 왕성함이여 만세토록 충천하리라.

318. 퇴암축제(退庵祝祭)에서

그 옛날 할아버지
너무나 좋아해서

이렇게 열한 번째
잔치에 추임새라

세 나라 한 집안같이
오고가는 너름새

최중관

▲퇴암축제

▲ 부양재 앞에서

▲ 축제기념비

▲ 퇴암축제 공부를 하며

318. 退庵祝祭(퇴암축제)

退庵祝祭奉演于忠淸南道扶餘郡扶餘邑中井里扶陽齋
퇴 암 축 제 봉 연 우 충 청 남 도 부 여 군 부 여 읍 중 정 리 부 양 재

也退庵麗末節臣其裔孫茶軒金柱白教授以至誠爲先祖
야 퇴 암 여 말 절 신 기 예 손 다 헌 김 주 백 교 수 이 지 성 위 선 조

盡孝竭力也哉往年半平生卽三十餘年間以韓中日三國
진 효 갈 력 야 재 왕 년 반 평 생 즉 삼 십 여 년 간 이 한 중 일 삼 국

學術文化交流之名開催十一次國際行事卽講演會書籍
학 술 문 화 교 류 지 명 개 최 십 일 차 국 제 행 사 즉 강 연 회 서 적

發刊碑石建立等多樣記念行事也由是東奔西走如彼白
발 간 비 석 건 립 등 다 양 기 념 행 사 야 유 시 동 분 서 주 여 피 백

髮星星又老顔額線甚厚也特中國桐廬縣嚴子陵遺跡地
발 성 성 우 노 안 액 선 심 후 야 특 중 국 동 려 현 엄 자 릉 유 적 지

合同建立退庵子陵屛銘碑兩國文化交流史一大光輝之
합 동 건 립 퇴 암 자 릉 병 명 비 양 국 문 화 교 류 사 일 대 광 휘 지

事也嗚呼茶軒翁功以何言開口乎以何文字動筆乎麗末
사 야 오 호 다 헌 옹 공 이 하 언 개 구 호 이 하 문 자 동 필 호 여 말

節臣爲數百名唯獨退庵愉愉而衒後裔之賢也世稱其祖
절 신 위 수 백 명 유 독 퇴 암 유 유 이 현 후 예 지 현 야 세 칭 기 조

下有其孫也哉此天下半萬年歷史上唯一無二祖孫間之
하 유 기 손 야 재 차 천 하 반 만 년 역 사 상 유 일 무 이 조 손 간 지

義理香氣也三韓甲族門閥兮不聽義城金門乎韓中日古
의 리 향 기 야 삼 한 갑 족 문 벌 혜 불 청 의 성 김 문 호 한 중 일 고

代史兮三國一家往來哉今日行事國際兮茶軒之圖復舊
대 사 혜 삼 국 일 가 왕 래 재 금 일 행 사 국 제 혜 다 헌 지 도 복 구

哉今日此筵貴賓兮向祖孫恪拍手乎合掌祝未來哉讚曰
재 금 일 차 연 귀 빈 혜 향 조 손 각 박 수 호 합 장 축 미 래 재 찬 왈

寒露南鞭白馬江　古都東谷一齋哤
한 로 남 편 백 마 강　고 도 동 곡 일 재 방

千年往事報元大　三國新朋追念厖
천 년 왕 사 보 원 대　삼 국 신 붕 추 념 방

先祖狷心天感應　後孫誠孝人稱⿰山兒
선 조 견 심 천 감 응　후 손 성 효 인 칭 앙

退庵香氣刊行裏　今日他門豁闢窓
퇴 암 향 기 간 행 리　금 일 타 문 활 벽 창

318. 10월 퇴암축제

퇴암축제는 충청남도 부여군 부여읍 중정리 부양정에서 받들었다

퇴암은 고려 절신으로 그 후손 다헌 김주백 교수는 지극 정성으로 선조를 위하여 효도하기를 힘을 다하였도다.

왕년 반평생 즉 30여 년간 한・중・일 삼국의 학술 문화교류 라는 이름으로 세미나를 개최하기를 11회차 즉 국제행사 강연회 서적발간을 비롯 비석건립 등 다양한 행사를 이룩하는 쾌차를 거두었다.

이로 말미암아 동분서주하느라, 백발이 성성하였으며 노안에 주름이 심히 두터워졌다.

특히 중국 동려현에 있는 엄자릉의 유적지에 합동으로 비를 건립하여 퇴암과 엄자릉을 아우려 비명에 세겼으니, 양국의 문화교류 역사상 크게 빛나는 일이로다. 오호라 다헌옹의 공을 어찌 입을 열어 말로써 다할 수가 있겠으며, 어찌 문자로써 그 공을 다 써내려 갈 수 있겠는가!

여말절신 수백 명을 위하여, 오직 퇴암공만이 홀로 흐뭇이 후손의 어짊을 칭찬하는도다.

세상에서 칭하기를 그 조상아래 그 후손이로다 하다.

이것은 천하 반만년 역사상 오직 둘도 없는 하나뿐인 할아버지와 손자 사이의 의리의 향기로다.

삼한갑족의 이름 있는 집안들이여, 의성에 김씨 문중이야기를 듣지 못하였는가?

한·중·일 고대의 역사여, 세 나라가 한 집안을 방문 왕래함이로다.

오늘의 국제 행사여, 다헌의 옛 그림을 회복함이로다.

오늘 이 자리에 모이신 귀한 손님들이여, 조상을 향한 손자의 정성에 박수를 보냄이로다. 합장하여 미래를 축원하나이다.

기려 노래하노니,

한로에 남쪽 백마강으로 채찍을 서두르니
옛 고을 동쪽 골에 한 재실 널찍하도다.
천년의 지난 일의 넓고 크심에 보답하는
삼국이 새로이 밝혀 두텁게 축하하는구나.
선조의 굳은 마음은 하늘도 감동하였고
후손의 지극한 정성을 사람들이 칭송하도다.
퇴암공의 의리의 향기를 발간하는 속에
다른 문중에서 창문을 열고 부럽게 바라보고 있도다. 전

한길로 걸어온 길
마땅히 가야할 길

날마다 돌아봐도
가는 길 옳다마다

어긋남 하나도 없네
오늘 같은 세 나라

욕천 최장호

혼자서 열 사람 몫
하늘 길 왔다갔다

천만리 멀다않고
제 몸을 불사르며

큰 어른 얼을 찾아서
엮어놓은 글 잔치

노산당 전향아

고려적 그 할배를
너무도 좋아해서

이처럼 열한 차례
잔치에 함께하여

한·중·일 한 집안같이
오고 가는 품새라

갑고 홍영표

동살에 배동바지
마음이 넉넉하다

곧음에 잘린 빗돌
따르는 이은이들

잔치에 한가락모임
흐뭇하고 기쁘다

안일당 이원희

힘쓰신 할아버지
지나간 날들이라

이마에 골진 주름
서로가 향내 뿜고

잊지는 말자 같은 맘
검은 돌에 새겼지

설전 임준신

세 나라 어진이들
곧은 뜻 서로 좋아

열한 번 벌인 잔치
장하고 장하도다

열린 맘 훤하게 밝혀
큰 빛 밝게 빛내세

우인 경우수

백마강 물줄기가
멈추는 그날까지

이 나라 저 나라에
큰 어른 알리는 일

오늘도 멈출 수 없어
글을 찾아 모은다

가산 임봉훈

곧음이 남다르고
이은이 정성 더해

몇 번을 찾았던가
먼 나라 빗돌까지

기리는 잔치자리에
집안 더욱 돋보여

오남 이종관

흰 내에 어진이들
떠들썩 모여들어

옛 임의 한결같은
굳은 맘 기리면서

티끌진 어지러운 곳
맑은 길로 가자네

서천 조경휘

퇴암축제(退庵祝祭)에서

세온열여덟 번째 한가락 모임
때 : 4349(2016)년 9월 30일, 금요일, 비
곳 : 퇴암축제 - 충청남도 부여군 부여읍 중정리 부양정

오늘 가는 역사탐방 장소는 1998년 2월1일에 방문한 扶陽亭이다. 같은 장소에서 退庵선생의『義理의 香氣』출판기념 국제행사가 열린다.

한가락회원들도 뜻 깊은 행사를 참가하고자 이곳에 모였다. 오늘은 금요일이라 휴가를 얻어 참여하는 사람도 있을 법하다. 그만큼 退庵선생에 대한 우리나라를 비롯해 중국, 일본 등 나라에 義理로써 널리 알려져 있는 분이다. 위 행사를 참여코자 서둘러 용산역에 도착하니 벌써 문중에서 준비한 대형버스가 기다리고 있다.

문중 어르신으로부터 안내를 받고 버스에 올라타니 의성김씨대종회 회장, 이사장, 총무 등 많은 문중 어르신들과 중관 선생님이 이끄신 한가락회원들, 동천서숙회원들로 이미 자리를 잡고 있다. 의성김씨 총무님께서 오늘 대형버스 총책임자로 원활한 행사진행을 위해 협조사항 및 행사개요 등 설명하셨고 또한 집에서 손수 준비한 간식거리를 나누어 주시면서 탐방길 가는데 심심하지 않게 노력하신다.

退庵公의 諱은 居翼이며 義城金氏의 인물이다. 義理에는 오롯한 香氣가 있다. 의리는 사람으로서 마땅히 하여야 할 禮誼를 간직하고 있다. 義理는 無色有香이라고 할까. 특히 退庵公의 香氣를 더듬거리며 달려가는 우리들은 대형버스를 의탁하지만 차안에는 이미 난향이 가득 맴돌고 있다. 義理는 無色이니 행동으로서 보여주어야 한다. 지금 남은 자의 의식 속에 불씨를 살려서 넘겨주어야 한다. 역사탐방 길에는 늘 행동이 따라다닌다.

지난주 덕유산자락의 雲海가 이곳으로 내려왔는가. 이슬비가 향기롭게 내린다. 아니 이슬비가 退庵公의 향기를 맡았던가. 착각이 일어날 정도이다. 사회적으로 어려움이 있을 때 과감히 행동하여 우리에게 생각하는 의미를 던져 주신 사람들이 있다. 지난주 9월 25일에 서울대병원에서 사망한 백남기 농민도 退庵公같은 사회적 연대로 義理를 지킨 분으로 기억되고 있다. 退庵 선생에 대한 의리를 주저리주저리 털어 놓아도 한도 끝도 없이 이야기가 증폭되어 가고 있으며 마치 하나의 살아있는 생명체로 거듭 발전적 진화의 궤도를 밟는다.

忠南 夫餘邑 中井里 마을 주차장에 우리일행은 잠시 대형버스에서 잠시 멈춘다. 아직 雲霧 같은 이슬비는 그치지 않고 내린다. 오늘은 국제행사라 많은 차가 이미 정차중이고 일단 행사장 입구까지 갈수 있는 데까지 차를 바꾸어 타고 가서 나머지 길은 걸어가기로 했다. 천천히 걸어가니 저 멀리 행사장이 보인다.

扶陽亭 앞 공터엔 간이무대가 설치되었고, 이미 많은 사람들로 비가림 천막아래서 행사진행을 관람하고 있다. 우리일행도 그곳에 앉아 식전 한중일 대표적인 가요감상을 하였다. 곧이어 본 행사 1부에서는 退庵 선생에 대한 묵념을 시작으로 내빈소개, 경과보고, 인사, 환영사, 축사, 감사인사 등을 하고나서, 본 행사 2부에서는 金柱白 退庵金先生 紀念事業會長이 『반평생 기념사업을 되돌아보며』 강연을 하셨다.

創造義理를 양손에 들고 발로 뛴 30년 지구 10바퀴, 義理가 무너지면 나도 무너지고 너도 무너지고 우리 모두가 다 무너진다고 하신다. 그리고 대표적인 사례로 현재 우리나라가 義理를 가볍게 하니 세월호 사건이 발생하여 아무도 책임지려하지 않는다고 말한다. 공무원들 사이 의리, 정치권 간의 의리, 기업 간의 의리, 일상적인 관계의 모든 의리 등 철철 넘치게 의리의 중요성을 강조하신다. 맞는 말이라. 사람들 간의 끈끈한 의리가 넘쳐흘러야 상하좌우 간의 연결된 아름다운 공동체가 만들어지며 지속적으로 사회안전망이 갖추어 진다. 그리고 살맛나는 아침이 있고 저녁이 있는 삶이 계속되려면 바람직한 義理가 꼭 있어야 한다.

한중일 내빈이 참석한 가운데『退庵先生 義理의 香氣 출판기념 국제행사 事蹟碑』제막식을 거행하고서 비문낭독과 기념촬영을 하였다.

곧이어 扶陽亭 안뜰에서 잘 준비된 맞춤 도시락으로 점심식사를 하고나서 退庵金先生 紀念事業會長이신 茶軒 金柱白 교수의 참석하에 중관 선생님이 준비하신 자료를 가지고 공부를 시작한다.

金柱白 교수는 선조에 대한 지극정성과 退庵先生 義理 思想을 한중일간의 중심 연결고리로 만들었고 그간 30년 동안 노고에 대한 깊은 감명을 주니 우리 한가락모임에서 다시 한 번 상기하며 그 의미를 살린다.

중관 선생님이 쓰신 시조와 한시를 다함께 이어 부르는 동안에도 고은 이슬비는 아직 멈출 채비를 하지 않는다. 선생님의 讚詩의 次韻을 참조하여 멋진 七言律詩를 구상하라고 하신다.

모든 세상에는 원래 義理와 연결되어 있는데 그것을 알지 못하고 그나마 있는 義理를 끊으려하고 속된 모순 속에서 힘들게 사는지 모르겠다. 한중일 하나로 묶는 의리의 공동체를 발판으로, 더 나아가 행복한 의리의 문화로 마련되길 바란다.

제11차 한중일 국제학술문화교류는 9월 29일부터 10월 1일까지 3일간의 일정이다.『義理의 香氣』출판기념 국제행사의 남은 일정은 한중일 참석자 안동지역 탐방 및 한중일 문인 간담 만찬회가 있으나 우리 한가락모임은『退庵先生 義理의 香氣 출판기념 국제행사 事蹟碑』제막관련으로 하루만 참석하기로 되어 있고, 또 오늘 남은 일정은 부여 백마강 유람선 승선이 남아있다.

오늘 退庵公의 義理의 香氣가 발현하여 茶軒뜰에서 다시금 꽃향기로 피어난다. 扶陽亭은 열린 향수병에서 근질근질 새어나는 香氣처럼 의리로 배어있는 곳이다. 아름다운 이곳에 역사가 길이길이 잘 보존되길 바란다.

우리일행은 대형버스가 정차한 夫餘邑 中井里 마을 주차장을 향해 천천히 걸어가니 가벼운 뇌리에서 많은 의리가 오갔을 것으로 보인다. 같은 버스로 타고 온 일행 분들이 모두 탑승하니 의성김씨 총무님께서 1,000여 쪽에 달한『義理의 香氣』의 책과 부채를 오늘 참석자 모두에게 나누어 주신다. 그리고 오늘의 마지막 행사인 부여 백마강 유람을 하기위해 선착장으로 공경스럽게 모신다.

배를 타고 백마강을 유람하니 1,400년 전의 백제의 한 많은 역사가 여기저기 배어있는 듯하다. 扶蘇山城의 좁은 낙화암 자리도 보이고 또한 백제 여인들의 영혼을 달래기 위해 부소산 중턱에 皐蘭寺가 세워졌다 한다. 구름 낀 하늘 아래에 백마강 물줄기는 잿빛으로 흐른다. 아직 다 타지 않은 잿빛 영혼들이 이승을 떠나지 못해 이곳을 지키며 붙들고 있다. 지금 남은 자에게 강한 인상을 심어주기에 충분한 물줄기처럼 의리의 생명력은 저절로 살아 숨을 쉰다.

4시 40분쯤 옥산휴게소에 도착한다. 휴게소 넓은 공간을 잡아서 의성김씨 문중에서 준비한 음식상이 차려진다. 집에서 손수 장만하고 직접 만든 집밥 같은 저녁 겸 식사를 맛있게 다 먹으니 이제 서울로 다시 올라갈 때가 되었다. 서울로 올라가는 버스 안에서 오늘 하루의 마무리하기 위해 김경림 의성김씨대종회 회장님, 김웅대 장학회 이사장님, 중관 최권흥 선생님, 황석갑 교수님 등 마무리 말씀을 하시고 오늘 행사의 유종의 미를 거둔다.

출발장소인 용산역에 도착하니 낮에 내린 이슬비는 내리지 않고 저녁 인파들로 가득 찼다. 오늘 참석한 사람들과 아쉬운 석별의 시간이 왔다.

이길 수 없는 저녁 어둠도 이기는 작은 불빛 같은 義理를 몸에 지녀야 한다. 더욱더 강하게 온전히 하나의 촛불로써 남김없이 깡그리 어둠을 태워버려야 한다. 香氣로움으로 가득 찬 숨결을 느끼고 오늘 하루를 보낸다. 그래 義理에는 오롯한 香氣가 있고 옛것에 대한 그리움이 살아난다. 우주에 인간이 없으면 얼마나 공허할까. 사람에게 의리가 없다면 얼마나 허전한 우주일까. 한시 2수를 곁들인다.

욕천 최장호 씀.

梧南 李鍾寬

秋晩餘州汀馬江 士林祝典會盟哤
추만여주정마강 사림축전회맹방
丹衷罔僕忠誠赫 晦跡韜光節志厖
단충망복충성혁 회적도광절지방
動地屛銘威凜凜 感天破碣義峴峴
동지병명위늠름 감천파갈의앙앙
退庵景慕無窮切 長夜思君月曉窓
퇴암경모무궁절 장야사군월효창

늦가을 부여의 백마강 물가에서
사림이 퇴암축전에 모여 수군대는구나.

붉은 충정으로 종 되기를 마다한 충성은 빛나고
자취를 숨긴 절사의 뜻은 두텁도다.

천지가 진동할 만큼 병명의 위엄 늠름하고
하늘이 감동하여 파갈한 의는 높도다.

퇴암선생 경모의 정 무궁토록 간절한데
밤을 새워 공을 사모하다 새벽달 창에 비치는도다.

抒洊 趙京彙

佳月南行臨白江 鴻山賢集一齋哤
가월남행임백강 홍산현집일재방
十餘次式國交客 廿數年成書輯厖
십여차식국교액 입수년성서집방
麗末精忠高義廣 鮮初苦避杜門峴
려말정충고의광 선초고피두문앙
感天碑破退庵節 塵世渾淪淸道窓
감천비파퇴암절 진세혼륜청도창

10월 남행 금강(백강)에 이르니
부여(홍산)에 현인이 모여들어 한 재실이 떠들썩한데

10여 차째의 한중일 국제교류가 웅장하고
이십여 년에 이룬 문집은 두터웁다.

고려 말 한결같은 충성은 높고 의로움이 넓으며
조선 초 고달픈 피신은 두문불출 높다.

하늘이 감동 비석을 깨뜨림은 퇴암의 절개
이 티끌지고 혼륜한 세상의 창 맑은 길로 인도하는 창이 되어라.

319. 희역당(羲易堂)에서

등잔 밑 어두워라
멀리를 잘 비춘다

아들의 그 아들이
글 풀이 그래그래

저 밑의 기와집 이름
다시 한 번 새겨봐

최중관

▲ 희역당

▲ 희역당 앞에서

▲ 우시중공묘

▲ 희역당 공부를 하며

319. 羲易堂(희역당)

羲易堂在忠清北道丹陽郡赤城面艾谷里禹侍中公追慕
희 역 당 재 충 청 북 도 단 양 군 적 성 면 애 곡 리 우 시 중 공 추 모

處也公諱仲大丹陽人高祖諱臣典法令曾祖諱仁可楊州
처 야 공 휘 중 대 단 양 인 고 조 휘 신 전 법 령 증 조 휘 인 가 양 주

牧使祖諱仍順觀察使考諱慶節知都評議司事以生公于
목 사 조 휘 잉 순 관 찰 사 고 휘 경 절 지 도 평 의 사 사 이 생 공 우

丹陽品達里第有資性之美聰明卓異文藝夙就守庭訓學
단 양 품 달 리 제 유 자 성 지 미 총 명 탁 이 문 예 숙 취 수 정 훈 학

高德崇高麗高宗十六年己丑以鄉貢進士擢文科官至門
고 덕 숭 고 려 고 종 십 육 년 기 축 이 향 공 진 사 탁 문 과 관 지 문

下侍中也一人之下萬人之上重任以淸白終焉世人尙尊
하 시 중 야 일 인 지 하 만 인 지 상 중 임 이 청 백 종 언 세 인 상 존

其衣履之藏而稱之曰禹令公墓也其墓在丹陽郡北十里
기 의 리 지 장 이 칭 지 왈 우 령 공 묘 야 기 묘 재 단 양 군 북 십 리

許錦繡山南校山村面艾谷里艮坐之原有碑魂遊石望柱
허 금 수 산 남 교 산 촌 면 애 곡 리 간 좌 지 원 유 비 혼 유 석 망 주

石長明燈文人石以護石圓墳圍繞于嚴肅之氣俗稱燈盞
석 장 명 등 문 인 석 이 호 석 원 분 위 요 우 엄 숙 지 기 속 칭 등 잔

形明堂也因唯遠居有光福以燈下不明故也配林氏判書
형 명 당 야 인 유 원 거 유 광 복 이 등 하 불 명 고 야 배 임 씨 판 서

成璞女生五男長天珪門下侍中同平章事天啓判書天錫
성 박 여 생 오 남 장 천 규 문 하 시 중 동 평 장 사 천 계 판 서 천 석

門下侍中天佑軍器尹天成郎將也嘗題永春北巖壁詩曰
문 하 시 중 천 우 군 기 윤 천 성 랑 장 야 상 제 영 춘 북 암 벽 시 왈

昨登寧海峽今下永城灘一水決千里片舟過萬山讚曰
작 등 령 해 협 금 하 영 성 탄 일 수 결 천 리 편 주 과 만 산 찬 왈

自古丹陽禹閥支　赤城艾谷一堂祺
자 고 단 양 우 벌 지　적 성 애 곡 일 당 기

飛檐瓦屋嚴全特　燈盞明墟蔭惠丕
비 첨 와 옥 엄 전 특　등 잔 명 허 음 혜 비

庭訓篤行天賦美　侍中功業世稱欹
정 훈 독 행 천 부 미　시 중 공 업 세 칭 의

子孫出衆譽聲裏　不億雲仍萬歲禧
자 손 출 중 예 성 리　불 억 운 잉 만 세 희

319. 희역당(羲易堂)

희역당은 충청북도 단양군 적성면 애곡리에 있다. 우시중공을 추모하는 곳이다. 공의 휘는 중대(仲大)요 단양인이다. 고조의 휘는 신(臣)이요 전법령이다.

증조의 휘는 인가(仁可)요 양주목사이다. 조의 휘는 잉순(仍順)이요, 관찰사이다. 고의 휘는 경절(慶節)이요 지도평의사사이다.

공은 단양 품달리 집에서 태어났다. 타고난 성품이 아름답고 귀 밝고 총명함이 특별하였다. 문예가 뛰어나 어려서부터 남달랐다. 가훈을 지켜 학문을 높이고 덕을 숭상하였다. 고려 고종 16년 기축년에 마을에서 추천한 진사로 문과에 뽑혀 벼슬이 문하시중에 이르렀다.

일인지하 만인의 우두머리로 중책 일을 맡아 청백리로 끝마쳤다.

세상 사람들이 우러러 높였다. 그의 옷과 신발을 묻은 곳을 칭하여 아름다운 공의 묘라고 칭하였다.

그 묘는 단양군 북쪽 10리쯤 금수산 남쪽 교산촌면 애곡리 간좌의 언덕에 있다. 산소엔 비석과 혼유석, 망주석, 장명등, 문인석, 호석으로 둥근 원분으로 엄숙한 기운이 빙둘러있다.

세속에서 칭하기를 등잔형의 명당이라고 한다. 인하여 멀리 있는 사람의 밝은 복이 있으리라. 등잔 밑은 밝지 않은 연고이다.

부인은 임씨로 판서를 지낸 성복(成복)의 딸이다. 아들 다섯을 두셨으니 첫째는 천규(天珪)요 문화시중 평장사요, 둘째는 천계(天啓)는 판서요, 셋째 천석(天錫)은 문하시중이요 넷째 천우(天佑)는 군기윤이요, 막내 천성(天成)은 낭장이다.

공은 일찍이 영춘 북쪽 암벽에 시를 지어 말하기를,

어제 영해령 협곡에 올라보니
지금 영성의 여울이 흘러내리는구나.
한 물이 갈라져 천리로 흐르는데
조각배 타고 온산을 돌아 단풍구경을 하였도다.

기려 노해하노니,

자고로 단양은 우씨들 문벌로 지탱하였는데
적성면 애곡리에 한 재실이 상서롭도다.
나는 듯한 처마 기와집은 엄숙함이 특별하니
등잔불 명당자리엔 음덕의 은혜가 크도다.
가훈을 돈독히 실천하니 하늘에서 받은 아름다움이요
시중의 청백리는 세상에서 아름답다 노래하네.
자손들 출중하여 칭찬소리 높은 속에
억보다 많은 후손들 만세토록 복받으리로다. 전

오르고 올라가서
저 멀리 바라보니

어제는 봄날 같고
내일은 가을 같네

가 버린 오늘의 그때
어디 있나 쑥내음

욕천 최장호

높은 뫼 빙 둘러진
단풍 물 곱디 고와

등잔불 희미하나
멀리서 잘 보이니

글 풀어 앞날 보는 일
밑거름이 여기네

노산당 전향아

등잔 밑 어둡지만
먼데는 잘 비춘다

아들의 아들이어
글 풀이 어디 가랴

저 아래 큰집 이름을
다시 한 번 외워 봐

갑고 홍영표

등잔불 높아야지
저 멀리 비추인다

어려운 풀이 글이
뛰어나 놀랍도다

흰 머리 지름길로
할아버지 닮았다

안일당 이원희

불 밝혀 어둠 멀리
나라를 들떠놓고

글 그림 배움 높아
가르침 남다르니

마을에 어린 아이들
글 풀이도 다시 해

설전 임준신

늪자리 밝고 밝다
앞으로 멀리보고

아들의 아들들도
눈 밝고 귀 밝아서

해와 달 차면 기우는
까닭 풀어 빛냈네

우인 경우수

늡자리 터가 밝아
등잔불 빛을 낸다

앞날을 미리 보는
그림을 풀었으니

끝까지 맑게 사신 임
닮아볼까 그렇다

가산 임봉훈

두레솔 눕자리가
등잔불 환하도다

남다른 글재주에
글 풀이 높았도다

기리는 처마글귀가
어울린다 드높이

오남 이종관

늦가을 붉은 볕 골
윗분들 기리는 곳

뉘뉘로 물려받은
보살핌 더욱 번져

들리는 좋다는 집안
오래토록 빛나리

서천 조경휘

---

* 뉘뉘로 : 대대로

희역당(羲易堂)에서

세온열아홉 번째 한가락 모임
때 : 4349(2016)년 11월 12일, 토요일, 맑음
곳 : 희역당 - 충청북도 단양군 적성면 애곡리

가을 끝자락에 토요일이라 교통이 수월하지 않으리라는 생각이 앞선다. 날씨마저 청명한 가을 하늘을 더욱 높고도 맑게 도우고 있으니 여행하기에 딱 좋은 날이다.

늘 모임 자리인 사당역에서 8시 출발 충북 단양을 향하여 핸들을 돌렸다.

경치 좋은 충북 단양 삼봉은 아름답기로 소문난 너무 유명한 곳이라 단풍을 즐기려는 여행객들의 차량이 길을 덮었다.

나라는 어수선하여 한치 앞을 내다 볼 수 없는 어지러운 시점에서 이토록 많은 차량이 길 위에 서 있으니…. 그러나 나 자신도 무엇을 먼저 해야 할지 갈피를 잡을 수 없고, 이렇게 달리고 있으면서 남의 탓을 하다니….

한가락모임이라는 단체의 행사를 위하여 아침 일찍 서둘러 미리 약속장소로 나갔다.

오늘 참가 인원은 중관 선생님을 비롯하여 갑고, 석초, 설전, 우인, 이선, 안일당, 문광, 서정원, 욕천, 안광숙, 노춘래, 조경휘 그리고 노산당 이렇게 14명이 단출하게 떠나는 역사 여행이 되었다. 서울서 멀어질수록 평화롭고 조용하다.

애곡 경노당 앞에 도착하니 문중 회장님이신 우용정(禹用鼎)님께서 나와 계셨다.

회장님의 안내를 받으며 산소로 향했다

한참을 올라가보니 산소가 보인다. 등잔형이라는 산소자리가 어찌나 좋던지 앞산이 탁 트였고 무르익은 가을 경치가 너무 아름다워서 눈이 시

원한 것이 명당 중의 명당으로 보인다.

산소 형세가 등잔형이란다. 본래 등잔은 밑은 어두워 가까이 보다 멀리 비추어 주니, 먼 곳에서 더 잘 알아보는 형국이란다. 이 산소자리 덕분인가 훌륭한 후손 우탁 선생을 두었으니 그 업적으로 멀리서 공부하고 연구하는 사람들이 감사해 하면서 찾고 있으니 멀리 아주 멀리 영원히 비출 것이다. 산소를 둘러보고 모두 모여 웃으며 단체사진을 찍고 내려왔다.

희역당에 들어서니 재실이 아담하고 예쁘다. 우리는 희역당에 빙둘러앉아서 준비해간 자료 공부를 하였다.

중관 선생님의 우렁찬 목소리로 시작되는 희역당은 우시중공을 추모하는 곳이다. 공의 휘는 중대요 단양인이다. 중관 선생님의 자세한 설명을 들으면서 시조창을 곁들여 강의를 마치니 점심시간이 훌쩍 지난 2시가 다 되었다.

다시 단체사진을 찍고 회장님의 안내를 받으며 식당을 향해 단양 시내로 들어갔다.

여정식당으로 안내되어 더덕구이로 점심대접을 받았다.

고기보다 귀한 더덕구이에 나물반찬으로 시골 토속음식 그대로에 손맛을 더했으니 칼칼한 음식솜씨가 딱 내 입맛이다. 늦은 점심이라 그렇기도 하겠지만 어찌나 맛나던지 과식을 하고 말았다.

행사도 마치고 점심도 먹었고 이제는 서울로 서둘러 올라가야겠다. 회장님께 감사의 인사를 드리고 헤어졌다. 오는 길에 단양삼봉을 들러보았다. 언제 보아도 물과 산 그리고 바위가 어우러져 멋진 경치 대한민국 금수강산의 수려함에 감탄을 하면서 아쉬운 발걸음을 돌렸다.

집에 도착 6시 20분. 함성소리가 집에까지 들린다. 촛불 시위대의 함성이 우리 집까지 들리다니, 얼마나 많은 사람들이 모였으면 여기까지 대통령 하야하라는 함성이 들린단 말인가. 정말 이대로는 버티기 힘들 것이다. 경복궁역 사거리에서 광화문을 지나 시청까지 시민들이 꽉 차있다. 전국에서 모였고, 제주도에서도 시위대에 합류하겠다고 비행기까지 타고 왔다니 경찰추산 25만 명이라고 하나 실지 보니 백만은 모였을 것 같은 어마어마한 인파다.

더구나 이번엔 시위대 행진을 청와대와 가까운 경복궁역까지 허락하였다니 그 수많은 군중이 한꺼번에 함성을 지르니 청와대의 울타리를 넘고 넘어 우리 집까지도 들리는데, 과연 대통령은 어떤 결단을 내려서 성난 저 국민들을 달래주려는지……. 한시 2수를 곁들인다.

노산당 전향아 씀.

梧南 李鍾寬

人語丹陽禹閥支 侍中崇慕一堂祺
인 어 단 양 우 벌 지 시 중 숭 모 일 당 기

錦山凜凜歌文壯 漢水悠悠頌德丕
금 산 늠 름 가 문 장 한 수 유 유 송 덕 비

勤儉清廉千世美 重任榮爵萬民欹
근 검 청 렴 천 세 미 중 임 영 작 만 민 기

子孫不億家家煥 青史英名永久禧
자 손 불 억 가 가 환 청 사 영 명 영 구 희

세상사람 말하기를 단양은 우씨로 지탱한다 하더니
우 시중공을 숭모하여 큰 사당이 아름답구나.

금수산은 늠름하여 뛰어나 문장을 찬양하고
한강물은 유유히 흘러 높은 덕을 칭송하는도다.

근검청렴한 소행은 천세토록 칭송하고
영작을 중임하니 만민이 찬탄하는도다.

자손이 번성하여 집집마다 빛나니
청사에 꽃다운 이름 영구히 복이로다.

抒洊 趙京彙

秋杪丹陽名勝支 赤城面上一堂祺
추 초 단 양 명 승 지 적 성 면상 일 당 기

土牆瓦閣里前重 臺冢石儀山裏丕
토 장 와 각 리 전 중 대 총 석 의 산 리 비

先祖蔭仁門襲秘 令公遺德鄉祈欹
선 조 음 인 문 습 필 영 공 유 덕 향 기 의

古來偉聞稱揚久 禹閥煌煌萬歲禧
고 래 위 문 칭 양 구 우 벌 황 황 만 세 희

늦가을 단양 경치가 명승이로되
적성면에 한 사당이 상서롭구나.

흙 담에 기와집 마을 앞에 무게 있게 있고
잘 다듬어진 무덤과 석인(石人) 산속에 위엄이 크게 있구나.

선조의 물려준 인품 문중에 이어받은 향기요
영공의 남긴 덕 마을 사람이 기도하는 아름다움이라.

예로부터 내려온 위대한 소문 칭송하고 날린 지 오래이니
우씨 집안의 휘황하게 빛남이 만세의 복이로다.

320. 암탄공묘(巖灘公墓)에서

달아나 예 왔도다
그리운 옛 임이여

날마다 저 봉우리
우러러 아침저녁

애들아 우리집안은
사는 거다 이렇게

최중관

▲암탄공묘

▲ 암탄공묘 앞에서

▲ 암탄공묘

▲ 암탄공 공부를 하며

320. 巖灘公墓(암탄공묘)

巖灘公墓在京畿道廣州市昆池巖邑晚仙洞公諱養蒙廣
암 탄 공 묘 재 경 기 도 광 주 시 곤 지 암 읍 만 선 동 공 휘 양 몽 광

州李氏麗末節臣石灘公弟也天性剛直人品端雅至極忠
주 이 씨 여 말 절 신 석 탄 공 제 야 천 성 강 직 인 품 단 아 지 극 충

孝恭愍祖文科官至大匡輔國崇祿大夫版圖判書高麗運
효 공 민 조 문 과 관 지 대 광 보 국 숭 록 대 부 판 도 판 서 고 려 운

傾痛力不足新朝開國與其兄曰共蹈首陽之躅云退廣州
경 통 력 부 족 신 조 개 국 여 기 형 왈 공 도 수 양 지 촉 운 퇴 광 주

南漢山東麓卽河南市德豐里也新朝太宗幸廣州欲召公
남 한 산 동 록 즉 하 남 시 덕 풍 리 야 신 조 태 종 행 광 주 욕 소 공

兄弟與道舊公不肯見避逃于元積山下晚仙洞杜門不出
형 제 여 도 구 공 불 긍 견 피 도 우 원 적 산 하 만 선 동 두 문 불 출

遺教子孫使不受擧子業以防臣事之路太宗歎其節特下
유 교 자 손 사 불 수 거 자 업 이 방 신 사 지 로 태 종 탄 기 절 특 하

李某子孫萬歲勿侵役之教配貞敬夫人羅州朴氏生四男
이 모 자 손 만 세 물 침 역 지 교 배 정 경 부 인 나 주 박 씨 생 사 남

二女述生迪生振孫靈孫四子也皆守訓不就宦路宣廟時
이 여 술 생 적 생 진 손 영 손 사 자 야 개 수 훈 불 취 환 로 선 묘 시

筵席上語及節義問李某子孫有無有一宰臣對曰李養蒙
연 석 상 어 급 절 의 문 이 모 자 손 유 무 유 일 재 신 대 왈 이 양 몽

玄孫明仁在臣之比隣上卽除靖陵參奉明仁曰吾卒不可
현 손 명 인 재 신 지 비 린 상 즉 제 정 릉 참 봉 명 인 왈 오 졸 불 가

以背先遺教因挈家逃避于斗驛也此晚仙洞後主峰曰恭
이 배 선 유 교 인 설 가 도 피 우 두 역 야 차 만 선 동 후 주 봉 왈 공

慜峰自此里移居時不忘恭慜王朝夕向拜處也哉讚曰
민 봉 자 차 리 이 거 시 불 망 공 민 왕 조 석 향 배 처 야 재 찬 왈

小雪已過陽復微　昆池巖邑一墳磯
소 설 이 과 양 복 미　곤 지 암 읍 일 분 기

金臺清氣排新命　烏石銘言歌舊緋
금 대 청 기 배 신 명　오 석 명 언 가 구 비

兄弟杜門堅節大　子孫遺訓狷心巍
형 제 두 문 견 절 대　자 손 유 훈 견 심 외

兩灘廣李成名閥　千萬年年日月輝
양 탄 광 이 성 명 벌　천 만 년 년 일 월 휘

320. 암탄공묘(巖灘公墓)

암탄공묘는 경기도 광주시 곤지암읍 만선동에 있다.

공의 휘는 양몽(養蒙)이요 광주이씨이다.

여말 절신이신 석탄(石灘)공의 아우이다. 공은 천성이 강직하고 인품이 단아하며 나라에 충성하고 부모님께 효도함이 지극하였다.

공민왕조에 문과하여 벼슬이 대광보국숭록대부, 판도판서에 이르렀다. 고려의 운이 기울어감에 힘이 부족한 것을 아파하면서 새로운 조정이 들어섬에 그 형과 더불어 말하기를 함께 수양(백이 숙제)의 발자취를 밟자하고 물러나 광주 남한산 동쪽 기슭로 떠나니 즉 지금의 하남시 덕풍리이다.

새조정의 왕인 태종이 광주를 지나다가 공의 형제를 부르고자 하였다. 더불어 옛 말이나 나누고자 하니, 공이 즐겨 보려하지 않고 태종을 피하여 원적산 아래 만선동으로 숨어들어 문을 걸어 잠그고 나가지 않

았다. 자손들에게 유언하기를 과거를 보지 말라고 일렀으니, 벼슬길에 나가지 못하게 막은 것이다.

태종이 그 절개에 탄식하며 특별이 하사하기를 이모의 자손들은 만세토록 부역의 일을 시키지 말라고 하교하였다.

정경부인은 나주박씨로 4남 2녀을 낳았다. 술생, 적생, 진손, 영손 네 아들이다.

모두 가훈을 지켜 벼슬길에 나가지 않았다.

선묘 때에 글방에서 절의에 대하여 공부하다가 이모의 자손이 있는지 없는지 물으니 한 재신이 있어 말하기를 이양몽의 현손 명인(明仁)이 신하의 가까운 이웃에 산다고 고하니, 이에 임금이 정릉참봉으로 제수하니 명인이 말하기를, 나는 죽어도 허락할 수 없다. 죽어도 조상님의 유교를 배반할 수 없다하다.

인하여 가솔을 이끌고 도망가 두역에 숨었다. 지금 만선동 뒤 주봉을 가리켜 공민봉이라 하다. 이로부터 이 마을에 옮겨 살 때에 공민왕을 잊지 못해 아침저녁으로 바라보며 절하던 곳이다. 기려 노래하노니,

소설이 이미 지나 양을 조금씩 회복하니
곤지암읍 한 무덤에 상서로운 기운이 도는구나.
금대의 맑은 기운이 새로운 명령을 물리치니
검은 비석에 새겨진 명언은 옛을 노래하는 향기로다.
형과 아우는 문을 걸고 굳게 지킨 절개 크니
자손에 남긴 유훈은 고집스런 마음이 높도다.
두 탄은 광주 이씨의 큰 집안으로 이름을 이루었으니
천년 만만년 해와 달처럼 빛나는구나. 전

바위 섬 여울 만나
더더욱 우뚝 선다

꿈 따라 길러내니
아이들 따라한다

벼랑 끝 모진 바람에
피어나는 서리꽃

욕천 최장호

임 오른 높은 길목
황금 잎 푹신푹신

너만은 다르거라
남기신 참 말씀은

해와 달 빛으로 남아
지켜가는 아들 딸

노산당 전향아

숨어서 여기 왔소
그리운 옛 임이여

날마다 저 봉우리
우러러 우리 임금

얘들아 우리 집안은
사는거다 이렇게

갑고 홍영표

뭉구리 어지럽다
찾아든 솔숲이라

먼 먼저 할비부터
맏아우 한길이라

찾아온 이름난 집안
흐뭇하다 한가락

안일당 이원희

구름이 드리워도
우뚝 선 봉우리에

임 얼굴 그려 넣고
하루 일 아뢰온다

보고파 소리쳤더니
메아리 져 되오네

설전 임준신

날 마다 올라가서
눈물로 속 달래고

아들에 이른 말씀
벼슬 길 그만둬라

맏아우 같이 한마음
뜻 받들어 기리네

우인 경우수

임금이 만나자니
문 닫고 숨던 사람

벼슬도 하지마라
아들에 일러주던

눕자리 높기도 해라
숨 가쁘게 오르며

가산 임봉훈

한 해 끝 찾아온 뫼
어진이 숨어든 골

저 먼먼 할아버지
맏아우 모두 한길

바르게 살아온 집안
우러른다 오늘에

오남 이종관

산언덕 좋은 곳에
임 향한 선비자리

날마다 절 올리며
남긴 말 나라모심

이어온 어버이의 뜻
오래토록 빛나리

서천 조경휘

암탄공묘(巖灘公墓)에서

세온스무 번째 한가락 모임
때 : 4349(2016)년 12월 3일, 토요일, 맑음
곳 : 암탄공묘 - 경기도 광주시 곤지암읍 만선동

오늘은 한가락 역사탐방 세온스무 번째 경기도 광주시 곤지암읍 만선동이 암탄공의 유적(遺蹟)을 찾아 가는 날이다. 목적지가 가까워 출발시간이 10시로 늦춰졌다. 시간에 맞춰 사당역 10번 출구로 올라가니 노산당이 회원들을 기다리고 있고 차에 오르니, 석초 님, 서희장군 후손이신 서정원 님, 갑고 선생님이 와계셨다. 이어서 중관 선생님, 욕천, 조경휘 씨, 가산이 오시고 조금 있다 안일당이 노춘래 여사님을 모시고 함께 왔다. 오늘 참석할 회원들은 이미 다 오셨기에 차는 바로 출발했다. 예술의전당 앞을 지나고 보통 때는 서초 나들목을 통해 고속도로로 들어섰으나, 오늘은 차가 직진하여 양재대로를 따라가다가 오른쪽으로 돌아 남부순환도로를 지나 구룡터널을 지나고, 성남IC를 통해 성남~곤지암 고속도로로 들어섰다. 어제까지는 기온이 매우 차가웠는데 오늘은 많이 누그러져 다행(多幸)이다. 차창으로 들어오는 빛이 아주 따사롭다. 안일당이 덥다며 난방기를 꺼달란다. 요즈음은 나라 안 사정이 꽤 시끄럽다. 나라의 최고 높은 사람이 비선과 국정을 농단(壟斷)하였다 하여, 매우 어수선하다. 오늘도 수십만 인파가 광화문 광장에 모여 시위를 벌일 것이라고 한다. 작년에는 메르스 사태. 그 전해는 세월호 사건, 글쎄 나라가 잠잠할 날이 없다.

서울을 둘러싼 경기도는 교통의 편의로 인하여 공장시설과 창고시설이 많이 들어서 있고 도로가 많이 개설되어 여기저기 공사가 많이 이루어지고 있다. 곤지암은 전부터 시내중심으로 산업도로가 관통하고 동쪽으로 용인

(龍仁), 서쪽으로 여주(驪州), 남쪽으로 이천(利川), 북쪽으로는 광주(廣州)와 맞닿아 있어 사방으로 교통이 발달하여 있다. 그리고 이번 역사 탐방으로 곤지암(昆池巖)을 조사하여보니, 임진왜란 때 왜군을 맞아 싸우다 패한 신립(申砬)장군이 충주호에 빠져 자결하였는데, 남은병사들이 시신을 건져 올리니 눈을 부릅뜨고 호령(號令)하는 듯 하였으며, 시신(屍身)을 모셔 여기 광주(廣州)에 장사(葬事)를 모셨는데, 묘지에서 멀지 않은 곳에 고양이 같은 바위가 하나 있었다고 한다. 헌데 사람들이 그 바위 앞을 말을 타고 지나면 말발굽이 붙어 떨어지지 않아 걸어가야 했는데, 어떤 장수(將帥)가 그 앞을 지나다, 신립(申砬)장군의 묘(墓)를 찾아가 왜 오가는 행인들을 괴롭히느냐며 핀잔을 주었다고 하는데, 그러자 갑자기 뇌성(雷聲)과 함께 벼락이 바위를 내려쳐 두 쪽으로 갈라지고 그 옆에는 큰 연못이 생겼다고 한다. 그 후로는 괴이한 일이 생기지 않았고 사람들은 그 바위를 곤지암(昆池巖)이라고 불렀다고 한다.

성남~곤지암 고속도로에서 내려 산업도로를 타고 내려가다 곤지암 시내에서 좌회전하여 여주 이포 쪽 으로 가다 문중 이현중 님을 만났다. 이어 그분의 안내로 앞으로 좀 더 나아가다 왼쪽으로 돌아 조금 올라가, 어느 공장 앞 빈터에 차를 세우고, 차에서 내려 공의 묘소를 찾아 나섰다.

공의 묘소는 그리 높지 않은 언덕에 양지 바른 곳에 단정하게 원분으로 모셔져 있었다. 둘레석에는 무궁화, 대나무, 국화, 난초가 양각으로 새겨져 있으며, 양지바른 곳에는 잔디가 곱고 노랗게 물들어 아늑하게 보였다. 묘소 앞에는 상석과 갓을 씌운 비석과 망주석이 세워져 있으며, 비석에는 대광보국숭록대부행판도판서광주이공양몽지묘 배정경부인나주박씨부좌(崇祿大夫行版圖判書廣州李公養蒙之墓配貞敬夫人羅州朴氏祔左)라 새겨져 있다.

공(公)은 본래 공의 형님이신 석탄공과 의논하여 신조(新朝)가 들어서고 국정이 어려워짐으로 광주 남한산성 북쪽 고덕동과 하남시 동쪽 덕풍동에 은거(隱居)하여 숨어 살았는데, 태종(太宗)이 석탄공과 동문수학(同門受學)하던 친구사이로 공의 형제를 벼슬을 주며 부름에 석탄공은 포의(布衣)로 태종을 만나 친구로 써 대하며, 벼슬을 거절하고 냇가에서 물고기를 잡아 같이 술을 마시며 하룻밤을 같이 지내, 그 여울이 지금도 왕숙천(王宿川)이라 불려 내려오고 있으며, 덕(德)이 높으신 분이 사시던 곳이라 하여 고덕(高德)이라는 이름이 동네이름으로 붙여져 내려오고 있다. 공은 이에 다시 식솔(食率)을 거느리고 이곳 원적산(元積山) 아래 만선동(晩仙洞)으로 숨어들어 문(門)을 걸고 나가지 않았으며 자손들에게도 이르기를 과거에 일을 삼지 말 것을 유훈(遺訓)으로 남겼으며, 적성산의 제일 높은 봉우리를 공민봉(公愍峰)이라 일컬으며 아침저녁으로 바라보며 눈물을 흘리며 옛 고려를 추앙(推仰) 하였다고 한다.

우리는 옷깃을 단정히 여미고 기념촬영을 하고 내려와 산을 올라올 때 정했던 고을식당으로 자리를 옮겼다. 식당에는 이미 식사준비가 다 되어 있어 우리는 점심식사를 하고 공(公)에 대한 공부에 들어갔다.

공(公)은 어려서부터 성품이 강직하고 인품이 단아(端雅)하고 충효가 지극하여 공민조에 등과하여 벼슬이 대광보국숭록대부판도판서(大匡輔國崇祿大夫版圖判書)에 이르렀는데, 앞에서 애기한 것과 같이 고려 운(運)이 다하자, 형님 석탄공과 의논하여 광주 남한산성 동쪽기슭 하남시 덕풍동에 숨어들었다가, 태종이 부름에 다시 이곳으로 옮겨 살게 되었다는 것이다. 그 후 자손들은 선조(先祖)의 뜻을 따라 벼슬에 나아가지 않았는데 현손(玄孫)에 이르러 선묘시(宣廟時)에 연석상(筵席上)에서 말이 절의(絶義)에 이르자 임금이 이모(李某)의 자손이 지금도 있는가 하며묻자 한 재신이 대답하기를, '신의 이웃에 이양몽의 현손(玄孫) 명인(明仁)이 이웃에 있습니다.' 하고 아뢰니 즉석에서 정릉참봉(靖陵參奉)을 제수(除授) 하였으나, 명인(明仁) 또한 선조(先祖)의 뜻을 거스를 수 없다하여 식솔(食率)을 거느리고 두역(斗驛)으로 피(避)했다고 한다.

자료 끝에 선생님은 매양 주인공을 기리는 찬(讚)과 시조(時調)를 붙여 공을 길이길이 빛나게 추앙(推仰) 하시고 공부는 이렇게 끝났다. 이렇게 훌륭한 조상을 둔 후손들이 많이 참석해서 같이 공(公)에 대한 공부를 했으면, 얼마나 더 좋았을까 하는 생각을 해본다. 오늘도 하루가 이렇게 지나고 올해도 이제 얼마 안가서 다음해로 넘어간다. 공부를 마치고 우리는 차에 올라 왔던 길을 돌려 서울로 향해 달리며 이런저런 생각을 하며 2016년 마지막 역사탐방을 마쳤다. 한시 2수를 곁들인다.

우인 경우수 씀.

梧南 李鍾寬

冬孟昆池陽僅微 漢州古縣古墳機
동맹곤지양근미 한주고현고분기

綠苔碑錄頌新義 烏石紀文歌舊誹
녹태비록송신의 오석기문가구비

兄弟韜光前節聳 子孫守訓後忠巍
형제도광전절용 자손수훈후충외

李門三代光青史 灼灼英名萬世輝
이문삼대광청사 작작영명만세휘

초겨울 곤지암에 햇빛은 온화한데
광주 옛 고을에 무덤이 상서롭더라.

이끼 낀 비명에 새로운 절의 찬송하고
오석 기문에는 초상의 옛 향기 기리었도다.

형제가 두문 수절하니 절의 우뚝하고
자손이 유훈 지켜 후손의 충지 뛰어났도다.

광주이씨 삼대가 청사에 뚜렷하니
빛나는 꽃다운 명성 만세에 아름다우리로다.

抒洊 趙京彙

暢月寒風殘葉微　晩仙洞塢一塋禨
창 월 한 풍 잔 엽 미　만 선 동 오 일 영 기

階乘黃宅臺光懿　特立烏碑銘語馡
계 승 황 택 대 광 의　특 립 오 비 명 어 비

望拜先王朝夕敬　遺言後裔孝忠巍
망 배 선 왕 조 석 경　유 언 후 예 효 충 외

代承持重逃身罕　廣李名門萬歲輝
대 승 지 중 도 신 한　광 이 명 문 만 세 휘

11월 한풍에 잔 엽이 미미한데
만산동 언덕에 한 무덤이 상스러웁구나.

계단을 오르니 누런 무덤 잔디의 색깔은 아름답고
특별히 세워진 검은 비석에 새겨진 말씀이 향기롭다.

선왕을 바라보며 배 올림 조석으로 공경으로써 하고
후예에게 남김 유언 충효가 드높구나.

대를 이어 정도를 지켜 몸을 피함은 드문 일
광주이씨 명문은 만세토록 빛나리.

321. 조은공묘(釣隱公墓)에서

그 옛날 곧은 낚시
먼 날을 높이 샀다

오늘의 낚싯대라
그보다 못하랴만

이 마을 기리는 언덕
저와 같이 높구나

최중관

▲ 조은공묘

▲조은공묘 앞에서

▲ 명인각 전경

▲조은공 공부를 하며

321. 釣隱公墓(조은공묘)

釣隱公墓在京畿道高陽市幸信洞道鄕土遺蹟第三十號
조 은 공 묘 재 경 기 도 고 양 시 행 신 동 도 향 토 유 적 제 삼 십 호

境內也公諱玽號釣隱又漁村晉州柳氏也曾祖諱仁庇政
경 내 야 공 휘 구 호 조 은 우 어 촌 진 주 유 씨 야 증 조 휘 인 비 정

堂文學參知政事晉山君祖諱洧門下贊成事判民厚德府
당 문 학 참 지 정 사 진 산 군 조 휘 유 문 하 찬 성 사 판 민 후 덕 부

事晉州伯考諱惠芳知靈光郡事以忠肅王復位四年乙亥
사 진 주 백 고 휘 혜 방 지 영 광 군 사 이 충 숙 왕 복 위 사 년 을 해

生公自幼穎敏以忠孝爲庭訓恭愍王九年文科歷都官正
생 공 자 유 영 민 이 충 효 위 정 훈 공 민 왕 구 년 문 과 역 도 관 정

郎慶尙道按廉使楊廣道都觀察使藝文館大提學政堂文
랑 경 상 도 안 렴 사 양 광 도 도 관 찰 사 예 문 관 대 제 학 정 당 문

學門下評理及壬申變易登掛冠峴脫朝服冠帶以蔽陽笠
학 문 하 평 리 급 임 신 변 역 등 괘 관 현 탈 조 복 관 대 이 폐 양 립

入杜門洞再入楊州五峰山隱于苔川子陵釣臺也新朝以
입 두 문 동 재 입 양 주 오 봉 산 은 우 태 천 자 능 조 대 야 신 조 이

華職屢徵終不起曰以磻溪直釣釣周何意乎後訪元耘谷
화 직 루 징 종 불 기 왈 이 반 계 직 조 조 주 하 의 호 후 방 원 운 곡

參雉岳山變革祀也新朝七年戊寅卒享六十四也與圃隱
참 치 악 산 변 혁 사 야 신 조 칠 년 무 인 졸 향 육 십 사 야 여 포 은

公同榜兮忠義介節交款哉收復京城有功兮二等功臣冊
공 동 방 혜 충 의 개 절 교 관 재 수 복 경 성 유 공 혜 이 등 공 신 책

祿哉慶尙道之按廉兮巡問使之彈劾哉宰相政事擅權兮
록 재 경 상 도 지 안 렴 혜 순 문 사 지 탄 핵 재 재 상 정 사 천 권 혜

都堂上訴治罪哉不事二君高節兮杜門書院配享哉讚曰
도 당 상 소 치 죄 재 불 사 이 군 고 절 혜 두 문 서 원 배 향 재 찬 왈

探問昔人閒釣魚　高陽停轡一墳渠
탐 문 석 인 한 조 어　고 양 정 비 일 분 거

柳門顯祖幽宮列　鄕土保存文化譽
유 문 현 조 유 궁 열　향 토 보 존 문 화 예

己巳廢王投紱隱　壬申變易狷心儲
기 사 폐 왕 투 불 은　임 신 변 역 견 심 저

鉤周何用磻溪老　萬讀六韜無作驢
구 주 하 용 반 계 로　만 독 육 도 무 작 허

321. 조은공묘(釣隱公墓)

조은공묘는 경기도 고양시 행신동 도 향토유적지 제30호 경내에 있다. 공의 휘는 구요 호는 조은이요 또 어촌이기도 하다. 진주유씨이다.

증조의 휘는 인비 정당문학참지정사 진산군이다.

조의 휘는 유요 문하찬성사판민후덕부사 진주백이다.

고의 휘는 혜방이요 지영광군사이다.

충숙왕 복위 4년 을해에 태어났다. 공은 어려서부터 영민하여 충과 효로써 가훈을 삼았다.

공민왕 9년에 문과하여 도관정랑을 지나 경상도안렴사 양광도도관찰사 예문관대제학 정당문학 문하평리를 지냈다. 임신년 변역에 괘관현에 올라 의복과 관대를 벗어 걸고 삿갓을 쓰고 두문동에 들어갔다.

다시 또 양주 오봉산에 들어가 태천 자능조대에 숨었다.

새로운 조정에서 화려한 직책으로 여러 번 불렀으나 끝내 나가지 않

았고 말하기를,

번계의 곧은 낚시로써 주나라를 낚시하는 것은 무슨 뜻이었을까 하고, 뒤에 원운곡을 찾아 치악산 변혁사에 참여하였다.

새로운 조정이 선지 7년 무인년에 졸하니 향년 64세였다.

포은공과 더불어 함께 과거에 합격하였다.

충의의 큰 절개로 교류하였다. 경성이 수복됨에 공이 있음으로 이등 공신으로 책록되었다.

경상도의 안찰사였을 당시 순문사(암행어사)를 탄핵했다.

재상이 정치와 권세를 제 맘대로 하여서 도당에 상소를 올렸다.

불사이군의 높은 절개여, 두문서원에서 배향하였도다.

기려 노래하노니,

옛날 사람 한가하게 낚시하던 곳을 물어보며
고향에서 말고삐를 멈추니 한 무덤이 크도다.
유씨 문중 이름난 조상님들 산소가 벌려있고
향토문화보존 30호 칭찬하며 기리고 있도다.
기사년에 임금을 폐하여 벼슬을 버리고 숨었고
임신년 변역엔 고집스런 마음으로 절개를 쌓았도다.
주나라 낚시에 왜 반계로를 쓰는고
만 번이나 읽어보아도 육도병법엔 없구나. 전

이제는 아니라오
고갯심 남아있어

잇고자 모여 앉아
쌓는다 기다림을

구름 위 다섯 봉우리
드리운다 낚시줄

욕천 최장호

낚시대 둘러메고
치악산 벗을 찾아

서울님 그리워라
술 한 잔 기울이며

삿갓에 감춰둔 얼굴
하늘보기 싫었네

노산당 전향아

그 옛적 곧은 낚시
오늘에 되새긴다

이제의 낚싯대가
그보다 못 할까만

이 마을 저 높은 언덕
기리는 뜻 높구나

갑고 홍영표

붉은 닭 기지개에
찾아온 솔마루라

임 그려 곧은 낚시
뒷날을 기다린다

아버지 아들 한마음
오늘 더욱 빛난다

안일당 이원희

그림자 찾지 마라
깊은 골 숨어들어

벗님네 보고파라
즈믄 길 달려가서

한마음 어루만지며
주고받는 술 한 잔

설전 임준신

속 검은 이들 놀음
아하면 속 보이니

내 갈길 보이누나
숨어서 몸 감추고

그 옛날 어진이 따라
곧은 낚시 드렸네

우인 경우수

부름을 팽개치고
두문동 간 어진이

꿈엔들 잊으리까
내 고향 낚시터를

옛 얘기 일러주리다
곧은 낚시 세월을

가산 임봉훈

새해에 첫 번째로
찾아온 밴대미라

어진이 곧은 낚시
오늘에 높았도다

아버지 아들 이어서
큰 집안을 이뤘다

오남 이종관

옛 선비 숨을 적에
낚시는 어인일고

벗들과 서로 기린
임 향한 마음으로

새로운 자리 물리쳐
굳게 지킨 곧은 분

서천 조경휘

조은공묘(釣隱公墓)에서

세온스물한 번째 한가락 모임
때 : 4350(2017)년 1월 7일, 토요일, 맑음
곳 : 조은공묘 - 경기도 고양시 행신동

붉은 닭의 해인 2017년 丁酉年이 얼마 전에 막 떠올랐다. 2016년 붉은 원숭이 丙申年은 멀리 역사의 뒤안길로 저물어갔다. 말을 다할 없는 참으로 힘든 생활을 느낀 사람들이 많을 것으로 보인다.

끝나지 않은 함성들로 온 나라로 번진 불길은 아직도 꺼지지 않았다. 보름 달빛아래 하는 쥐불놀이 같은 불길이 일어나 사회적인 변화의 획을 그을 것으로 보인다. 바로 바라던 새로운 꿈을 맞지 할 것이다. 사회적으로 모순 찌꺼기가 함께 태워져 사라질 것이다. 이제 땅속 깊숙이 박힌 오랫동안 침묵하던 씨앗은 세상의 햇살을 맞이하기 위해 물을 머금고 싹을 틔워 그 잎사귀의 기지개를 우린 반드시 목격할 차례에 서있다.

사회적으로나 역사적으로나 그 시대를 공감하기 위해 우린 과거의 시대의 여행을 멈추지 않나보다. 오늘 1월의 첫 달에 처음 떠나는 역사탐방 가는 곳은 서울에서 가까운 高陽市 幸信洞에 있는 晉州柳氏 墓域 안에 모셔진 釣隱公墓이다. 또한 2006년에 12월 10일에 처음 방문한 장소인 明禋閣이나 예전에 탐방한 인물은 坡隱公으로 諱는 惠孫이다. 오늘 찾아갈 인물은 釣隱公으로 諱는 珣이다. 모두 비슷한 시대의 인물로 여말 충신이다.

11시쯤 행신역의 대합실 안에 중관 선생님을 비롯하여 회원님들이 벌써 다 오셨으며 약속시간에 늦게 도착한 나로서는 죄송할 따름이다.

釣隱公墓는 행신역에서 가까운 거리여서 가볍게 걸어가기로 했다. 작은 나무숲으로 조성된 산책로를 따라 걸어가니 운동하는 사람을 더러 마주친

다. 앞서서 걸어가신 중관 선생님이 忠壯公 柳琳장군 시호를 딴 忠壯근린 체육공원으로 가는 구름다리 입구에 잠시 있다가 바로 맞은편 큰길을 따라 간다.

忠壯公 柳琳장군은 병자호란 때 철원군 金化大捷에서 승전고를 울리신 분이다. 잠시 의문 하나가 생긴다. 임진왜란 때 행주산성 전투에서 승전하신 忠莊公 權慄장군 시호와 발음상 같은 것이 아닌가. 두 분 장군의 시호를 따서 공원 이름을 지었을 것으로 생각된다.

아무튼 충장공 시호를 받으신 역사적 인물들이 너무도 많다. 얕은 고개를 넘으니 晉州柳氏 墓域이 눈앞에 환히 보인다. 역시 터무니가 많이 있는 땅으로 5대 명당이라고 하는 장고뫼이다. 심원 속에 묻혀 있던 기억 안에서 예전에 방문한 明禋閣이 막 떠올라온다. 기억은 눈으로 귀로 자극을 만나야 더욱 어제처럼 생생해진다.

11시 30분쯤, 오늘 행사를 안내 할 문중 어르신들이 벌써 앞에 나와 계신다. 가볍게 인사를 하고나서 墓域의 첫 관문인 如在門을 들어가 좌측에 있는 慕先齋에서 따뜻한 커피를 한잔씩 하면서 오랜만에 만난 사람처럼 담소를 나누었다. 以敬門과 明禋閣을 옆에 두고 걸어가니 碑閣이 마주친다. 오늘의 주인공인 釣隱公의 묘소에서 한가락회원 일동은 정숙히 참배를 하였더니 오래된 文人石이 반가워 웃는 듯하다. 참으로 익숙한 미소이다. 또한 묘소에서 바로 앞을 바라보니 멀리 높다란 아파트가 널려 있다. 묘소에서 조금 내려오니 우리나라에서 가장 아름답다는 망주석이 시선을 끌며 서있다. 묘역의 가장자리를 빙 둘러 서있는 소나무에서 고려의 청량한 향기가 넘실거리며 우리의 앞길을 따라와 가볍게 콧등에 내려앉은 듯하다.

12시 10분경에 釣隱公에 대한 공부를 하기 위해 慕先齋 뒤에 있는 진주류씨 齋室에 내려와 중관 선생님이 준비하신 자료를 살펴보며 본다.

釣隱公墓는 高陽市 幸信洞 향토유적지 제30호 묘역 경내에 있다. 公의 號은 釣隱 또는 漁村이고 諱는 珣이다. 壬申變易으로 나라가 이미 죽었으니 開城 敬德宮 북쪽언덕에 朝服과 冠帶를 버렸다 하여 그 고개가 갓걸재라고 한다. 公도 패랭이를 쓰고 두문동에 들어갔으며 다시 양주 오봉산에 들어가 苕川의 子陵釣臺에서 낚시로 마음을 달랬고 새 정부에 좋은 자리로 불렀으나 끝내 나가지 않았다. 또 말하기를, 磻溪에서 곧은 낚시로 周나라를 낚시한 것이 어떤 뜻이냐 하였으며 耘谷 원천석을 방문하여 雉岳山 정상에 祭壇을 쌓고 고려의 宗社를 잇고자 變革祀를 여말 충신들과 함께 지냈다고 한다.

중관 선생님이 쓰신 시조와 한시를 다시 음미하면서 다함께 이어 부르고 七言律詩를 쓰실 분은 선생님의 讃詩의 次韻을 활용하여 쓰시라고 하시며 公에 대한 모든 공부를 끝마친다.

1시 20분경에 늦은 점심을 하려고 이동하나 연초 토요일이라 가까운 곳에 마땅한 식사할 식당이 없어서 행신역 근방까지 이동하여 적당한 식당을 물색 중에 겨우 남원추어탕집을 찾아 들어갔다. 류씨문중에서 추어탕 한 그릇과 미꾸라지 튀김 등으로 오늘 손님 대접을 하신다. 늦은 점심인지 미꾸라지 덕인지 모르나 먹으니 기운이 바로 벌떡 선다. 역시 미꾸라지는 논두렁 인삼이라고 할 것 같다. 이젠 겨울 추위의 한복판에 서있는 지금, 스스로 몸조리에 관심을 가져야 할 때이다. 추위를 이기려하지 말자.

釣隱公을 모신 이곳은 터무니가 있는 명당이다. 600년이 지난 지금까지도 도심개발 중에도 잘 보존되어 있다. 묘역이 또한 행신택지개발지구 지정고시됨에 따라 토지수용이 될 번하였으나, 류씨 문중의 힘겨운 노력으로 吉地 중의 明堂자리를 후손들에게 온전히 물려줄 수 있었다. 무소불위 공권력에도 헌신적인 관심어린 문중 어르신들의 다각적인 노력 덕택에 용케 개발에서 빗겨간 지역으로 오늘 한가락회원들을 맞이한다. 바로 후손들이 보인 노력이 明堂자리를 더욱 빛내고 있다.

세월에 따라 吉地는 변하다고 하지만 계속 명당자리로 잡아 두는 비결은 무엇인가. 바로 선현들의 좋은 흔적들을 차곡차곡 모아 우리들의 기억의 주름 속에 간직하는 것이다.

기억의 주름에서 지속적으로 반짝거리는 불빛들이 모일 것이다. 그것이 살아있는 생명체다. 무관심의 찌꺼기를 함께 태우는 작은 불빛들을 모이도록 겁 없이 서로에게 관심을 나누자. 그러면 현존하는 여말 충신들이 된다.

모두가 그 시대의 주인공으로 하나의 씨앗이 햇살을 찾아서 물을 마시고 뿌리를 내린다. 한시 2수를 곁들인다.

욕천 최장호 씀.

梧南 李鍾寬

探訪閑翁無鉤魚　馳驅幸信古墳渠
탐 방 한 옹 무 구 어　치 구 행 신 고 분 거

綠苔高墓頌忠盡　蒼蘚碑銘旗致譽
녹 태 고 묘 송 충 진　창 선 비 명 기 치 예

投紱杜門終釣隱　累徵拒命志堅儲
투 불 두 문 종 조 은　누 징 거 명 지 견 저

直針恒用太公望　耆酒樂詩騎距驢
직 침 항 용 태 공 망　기 주 낙 시 기 거 허

은사 한옹을 찾아 곧은 낚시함을 맛내니
고양 행신동에 고분이 크구나.

녹태 낀 높은 묘는 충성을 기리고
창선비명에는 높은 명예를 자랑하였도다.

벼슬 버리고 문 닫아 끝내 낚시하며 숨으니
누징거명에 굳은 뜻을 지녔도다.

강태공처럼 항상 곧은 낚시 드리우고
기주 낚시에 큰 노새를 타는도다.

抒洊 趙京彙

何故麗儒棲釣魚　訪蕃沓跡一塋渠
하 고 여 유 서 조 어　방 번 답 적 일 영 거

雄靑瓦閣長籬保　尊䡉臺園多位譽
웅 청 와 각 장 리 보　존 강 대 원 다 위 예

崇不二君高節立　敦交同榜毅忠儲
숭 불 이 군 고 절 립　돈 교 동 방 의 충 저

眞排華職固持義　純柳名門無與驉
진 배 화 직 고 지 의　순 류 명 문 무 여 허

무슨 연고로 옛 고려 선비는 낚시로 숨어 살았는지
번답의 유적지를 방문하니 한 무덤이 크구나.

청기와 사당으로 긴 울타리 둘러싸여 웅장하고
누런빛 잔디 공원엔 많은 조상의 묘 함께 기리는 것이 존경스럽다.

두 임금을 모시지 않는 높은 절개는 숭배스럼이요
같이 급제한 친구와의 교류로 굳세고 충성됨을 쌓음이 두터웠다.

화려한 직위를 물리침은 굳게 의를 지킨 진실함이 되어
류씨 가문은 잡스러움이 없는 순수한 명문이로구나.

322. 역암공단(易菴公壇)에서

멀리로 숨어드는
임금님 잘 모셨고

저 나라 갔을 때엔
들었던 기리는 말

아들에 이어 내렸나
우리 집안 어떻소

최중관

▲ 역암공단

▲ 역암공단 앞에서

▲ 역암공단에 올라

▲ 역암공 공부를 하며

322. 易菴公壇(역암공단)

易菴公壇在京畿道楊州市長興面日迎里公諱士達字兼
역 암 공 단 재 경 기 도 양 주 시 장 흥 면 일 영 리 공 휘 사 달 자 겸

善昌寧成氏曾祖諱君補都僉議門下評理祖諱貯選部典
선 창 녕 성 씨 증 조 휘 군 보 도 첨 의 문 하 평 리 조 휘 저 선 부 전

書考諱彦臣知林州事以生公自幼好讀書忠惠王復位二
서 고 휘 언 신 지 임 주 사 이 생 공 자 유 호 독 서 충 혜 왕 복 위 이

年成均試壯元後文科歷檢閱恭愍王元年大護軍同王八
년 성 균 시 장 원 후 문 과 역 검 열 공 민 왕 원 년 대 호 군 동 왕 팔

年紅巾賊侵入以判典校寺事扈從爲推忠協翊功臣又平
년 홍 건 적 침 입 이 판 전 교 사 사 호 종 위 추 충 협 익 공 신 우 평

定金鏞反亂以爲一等功臣同王十三年爲交州道兵馬使
정 김 용 반 난 이 위 일 등 공 신 동 왕 십 삼 년 위 교 주 도 병 마 사

女眞三善及三介等侵入以精兵五百退治咸州和州回復
여 진 삼 선 급 삼 개 등 침 입 이 정 병 오 백 퇴 치 함 주 화 주 회 복

凱旋歸京後爲集賢殿太學士至三重大匡寶文閣大提學
개 선 귀 경 후 위 집 현 전 태 학 사 지 삼 중 대 광 보 문 각 대 제 학

同王二十年以遣明使聽稱曰天出奇才受雅號易菴後封
동 왕 이 십 년 이 견 명 사 청 칭 왈 천 출 기 재 수 아 호 역 암 후 봉

昌山府院君筆書能開城南大門鐘銘演福寺鐘銘有名驪
창 산 부 원 군 필 서 능 개 성 남 대 문 종 명 연 복 사 종 명 유 명 여

興王六年庚申卒諡號文孝也牧隱挽公之靈曰筆鋒勁直
흥 왕 육 년 경 신 졸 시 호 문 효 야 목 은 만 공 지 령 왈 필 봉 경 직

光如射詩法平和味自醇全羅北道高敞郡海里面松山里
광 여 사 시 법 평 화 미 자 순 전 라 북 도 고 창 군 해 리 면 송 산 리

松陽祠主壁也有子名曰溥號曰眉山杜門洞節臣也讚曰
송 양 사 주 벽 야 유 자 명 왈 부 호 왈 미 산 두 문 동 절 신 야 찬 왈

遠祖追懷豈不虞　楊州深谷先壇膴
원 조 추 회 개 불 우　양 주 심 곡 선 단 무

一門五代竝偕奉　千里萬孫崇慕敷
일 문 오 대 병 해 봉　천 리 만 손 숭 모 부

播越扈從功甚特　遣明使節讚尤揄
파 월 호 종 공 심 특　견 명 사 절 찬 우 유

筆鋒勁直鐘銘善　祠額松陽主壁呼
필 봉 경 직 종 명 선　사 액 송 양 주 벽 호

322. 역암공단(易菴公壇)

역암공단은 경기도 양주시 장흥면 일영리에 있다.

공의 휘는 사달(士達)이요 자는 겸선(兼善)이다. 창녕성씨이다.

증조의 휘는 군보(君補)요 도첨의문하평리였다.

조의 휘는 저(貯)요 선부전서였다. 고의 휘는 언신(彦臣)이요 임주지사 재임시 공을 낳았으니 어려서부터 독서를 좋아하였다.

충혜왕 복위 2년에 성균관 시험에 장원을 하였다. 뒤에 문과하여 검열을 지냈다.

공민왕 원년에 대호군이 되었다. 같은 왕 8년에 홍건적이 침범하여 판전교시사로 왕을 호종하였고 추충협익공신이 되었다.

또 김용의 반란을 평정하여 일등공신이 되었다. 같은 왕 13년에 교주도 병마사가 되었다.

여진족의 산선과 삼개 등이 침입하였다. 알찬 병사 오백으로 퇴치하

였다.

함주와 화주를 회복하였다. 이기고 서울로 돌아온 뒤 집현전 태학사가 되었고 삼중대광 보문각대제학을 지냈다.

같은 왕 20년에 명나라로 사신을 보내 갔었는데 칭찬해 말하기를, "하늘에서 내린 기제로다." 하다. 아호로 역암이라 받았다. 뒤에 창산부원군으로 봉해졌다.

붓글씨를 잘 써서 개성 남대문 종명과 연복사 종명을 써서 유명하다.

여흥왕 6년 경신년에 졸했다.

시호는 문효이다. 목은공이 만장을 썼는데 말하기를, "붓끝이 칼날같이 곧고 곧아서 그 빛이 쏘는 것 같다. 시법을 평한다면 평화롭고 맛은 순박하도다." 했다.

전라북도 고창군 해리면 송산리의 송양사의 주벽이다.

아들이 있으니 이름이 부요, 호는 미산이다. 두문동 절신이다.

기려 노래하노니,

먼 조상을 추모하는데 큰 근심이 없겠는가
양주 깊은 골에 선단이 크도다.
한집안 오대를 나란히 함께 받드니
천만리 손자들이 높이 숭상하며 모셨도다.
파월에 호종하여 큰 공이 특별했는데
명나라 사신으로 가서 큰 칭찬을 들었도다.
칼날 같은 붓놀림 굳고 곧은 종명을 잘 썼고
사액 송양에 주벽으로 불려 모셔졌도다. 전

빛으로 새긴 글자
소리에 녹아있고

술 익어 맛을 내니
글 다툼 사라진다

해맞이 들불놀이로
하나같은 여럿이

욕천 최장호

붉은 띠 담 넘을 때
임금님 모시었고

글 솜씨 말솜씨는
기리는 소리 높아

나라에 자랑이로다
아들까지 닮았네

노산당 전향아

숨어서 돌아오는
나라님 잘 모셨고

저 나라 갔었을 땐
이미 안 기리는 말

아들에 이어갔으니
이 집안이 그럴사

갑고 홍영표

임금님 모도리로
먼 나라 잘 모셨고

글재주 뛰어나니
그 나라 기리더라

아비 뜻 이은아들이
곧은 매움 지켰다

안일당 이원희

안개가 너무 짙어
큰 두 눈 활짝 뜨고

달려가 멈춘 곳은
큰 어른 향기롭네

먼 나라 갔을 때 칭찬
뒷날까지 기린다

설전 임준신

어려서 글 좋아해
눈 밝고 귀 밝아서

옆 나라 나가서도
그 재주 빛났어라

그 때에 붙여진 이름
두고두고 빛나네

우인 경우수

할미산 흙 쌓은 터
옛 어른 기림이요

역암공 밝은 경학
놀라는 이웃나라

손재주 남긴 새김 글
개성거리 빛나네

가산 임봉훈

빼어난 슬기로움
나라를 구하더니

먼 나라 이름주어
글재주 기리더라

어진이 내리내리로
오늘 더욱 빛난다

오남 이종관

해 밝아 기린 터엔
그 옛 분 의젓하네

임금님 받들고서
큰일을 잘해내고

나라에 심부름 가서
좋다는 말 들었다

서천 조경휘

역암공단(易菴公壇)에서

세온스물두 번째 한가락 모임
때 : 4350(2017)년 2월 4일, 토요일, 흐린 후 개임
곳 : 역암공단 - 경기도 양주시 장흥면 일영리

오늘은 한가락 역사탐방 삼백스물두 번째 경기도 양주시 장흥면 일영리 창영(昌寧) 성역암(成易菴) 공(公)의 유적(遺跡)을 찾아 가는 날이다. 아침에 갑고(甲皐) 선생님으로부터 전화를 받았다. 오늘 다리가 불편해서 참석하기가 어렵다는 것이다. 서봉(瑞峯) 선생님도 건강이 안 좋으셔서 참석치 못하시고, 연세(年歲)들이 높아서 걱정이 많다. 오늘도 행선지는 가까워 모임 시간을 10시로 조정(調整) 했다. 안일당도 다리가 성치 않아 참석치 못하고 보니 오늘 참석한 인원은 선생님을 위시하여 문광, 노산당, 설전, 조선생, 욕천, 석초, 초계, 서정원 님, 필자 등 10명이다. 똘똘한 노산당이 어쩌다 오늘은 전철 한 정거장을 더 가 헐레벌떡 되돌아오느라고 조금 늦게 노산당이 도착하고 차는 바로 출발했다. 날씨가 희끄무레하니 뭐가 올 것 같기도 하다. 차는 사당 고가차도 못미쳐서 U턴을 하여 한강 쪽으로 머리를 돌렸다. 보통 겨울철에는 한 번씩 한강이 건너 집혔는데. 올해는 추위가 계속되는 날이 부족해서 건너 집히지 못했다는 것이 기상청 설명이다. 차는 88도로를 통해 공항 쪽으로 가다, 김포대교를 건너 송추 나들목을 나와 성광스틸을 지나고, 11시가 조금 지나 목적지 입구에 도달했다.

입구에는 성성제 총무님이 마중 나와 계셨다. 이어 성시혁 이사님이 오시고 우리는 묘역(墓域)을 향해 산을 올랐다. 산은 그리 높지 않았으나, 낙엽이 미끄러워 조심스러웠다. 묘역은 본래 휴전선 북쪽 장단 지역에 있었으나, 현실적으로 참배(參拜)하기가 어렵고, 이곳이 문효공이 은거(隱居)하시던 곳이라, 여기에 단(壇)을 모시고 제례(祭禮)를 올리게 되었다고 한다.

묘역(墓域)은 한쪽에 여러분의 신위(神位)가 함께 모셔져 있고, 그 왼쪽에 시조(始祖)부터 이어서 네 분의 위패(位牌)가 모셔져 있었다. 우리 일행은 단(壇) 주위를 돌아보고 단(壇) 앞에 나란히 서서 옷깃을 단정(端整)히 하고 머리를 숙여 역암공(易菴公)에 대한 예(禮)를 올렸다. 그리고 돌아서서 기념 촬영을 하고 산을 내려왔다. 한가락은 이렇게 옛 사람을 찾아다니며, 그 분들의 정신(情神)과 행적(行蹟)을 돌아보며 우리 또한 자신을 돌아본다. 물론 시 공간적(時空間的)으로 많이 떨어진 차이는 있지마는 과연 사람은 어떻게 살 것인가? 스스로를 돌아보는 것은 결코 하찮은 일은 아닐 것이다. 산을 내려오니 점심시간이었다. 문중 분들은 바빠서 우리를 식당까지 안내 해주고 각각 헤어졌다. 식당은 이곳에서 아주 오래된 추어탕 집으로 우리는 맛있는 추어탕으로 점심을 먹고 선생님이 준비해 오신 자료를 가지고 공(公)에 대한 공부를 했다.

공(公)은 여말(麗末) 지임주사(知林主事) 언신공(彦臣公)의 자제(子弟)로, 어려서부터 글 읽기를 좋아하고 충혜왕(忠惠王) 복위(復位) 2년 성균관시(成均館試)에 장원(壯元)하고, 후에 문과검열(文科檢閱)을 거치고, 공민왕(恭愍王) 원년(元年)에 대호군(大護軍), 동왕(同王) 8년에 홍건적(紅巾賊) 침입에 판전교사(判典校事)로 임금을 모시는 추충협익공신(推忠協翊功臣)이 되었으며, 김용(金鏞)의 반란(反亂)을 평정(平定)하고 일등공신(一等功臣)이 되었고, 동왕(同王) 13년 교주도(交州道) 병마사(兵馬使)가 되어, 여진(女眞) 삼선(三善) 삼개(三介) 등의 침입(侵入)시, 정병(精兵) 500으로 나아가 물리치고, 함주(咸州) 화주(和州)를 회복(回復)하고, 개선(凱旋) 후 집현전(集賢殿) 태학사(太學士)가 되고, 삼중대광보문각대제학(三重大匡寶文閣大提學)이 되었으며, 동왕(同王) 20년 명(明)에 가, 역(易)을 강(講)해 하늘이 낳은 기이(奇異)한 재주를 가졌다는 칭찬(稱讚)을 들어, 역암(易菴)이라는 아호(雅號)도 받았다. 후(後)에 창산부원군(昌山府院君)이라는 군호(君號)에 봉(封)해졌으며, 글씨에 능(能)해 개성(開城) 남대문종명(南大門鐘銘)과 연복사종명(演福寺鐘銘)에 이름이 남아있으며, 여흥왕(驪興王) 6년에 졸(卒)하니 시호(諡號)가 문효(文孝)다. 목은(牧隱)은 만장(挽章)에 쓰기를, 필봉(筆

鋒)은 곧고 굳세고 빛(光)은 화살 같고 시법(詩法)은 평화자순(平和自醇)하다고 했다.

선생님이 지으신 시조(時調)와 찬(讚)의 해설(解說) 그리고 창(唱)을 함께 부르는 것으로 공부는 끝났다. 공부가 끝나고 우리는 자리를 정돈하고 각자 소지품들을 챙기고 자리를 떠나 차에 올라 아침에 출발했던 사당역으로 발길을 돌렸다. 여기 장흥 일영은 송추와 더불어 서울 사람들이 많이 찾던 유원지인데 지금은 서울의 외곽도시로 전철까지 연결이 되고 잘 정돈된 시가지와 상가, 주거지는 여늬 서울의 어느 곳과 비교해도 차이가 없다. 차안에서 서희장군 후손이신 서정원 님과 이야기를 주고받았다. 6.25때 피난 가서 겪었던 고달팠던 이야기다. 이제 6.25 전쟁을 겪은 세대도 얼마 남지 않아 이제 책으로나 보아야 할 시대가 머지않은 것 같다. 그러나 우리는 아직도 북쪽에 경험이 일천한 어린 지도자가 권력을 잡아, 갖은 도발과 망발, 억지 궤변을 해대고, 인민을 잔혹하게 대우하고 있는 세력과 마주하고 있으니, 참으로 이 딱한 노릇을 언제나 끝낼 수 있을 것인지, 안타까운 마음 금할 수가 없다. 또한 국내 사정도 여의치 않다. 청년 실업문제, 빈부, 소득 격차문제, 거기다가 얼마 전 강남 아줌마가 국정에 간섭하여 저지른 소행이 드러나 최고 지도자의 거취문제로 발전하고 있다. 언제나 이 실타래 같이 얽인 일들이 풀어져서 모든 이들이 희망을 갖고 열심히 살 수 있는 날들이 오려나. 가만히 내속을 들여다보며 그 날이 속히 오기를 기원해 본다. 한시 3수를 곁들인다.

우인 경우수 씀.

梧南 李鍾寬

春孟楊州遠祖虞 長興日迎古壇膴
춘 맹 양 주 원 조 우 장 흥 일 영 고 단 무

一門五世共偕侍 千歲衆孫思慕敷
일 문 오 세 공 해 시 천 세 중 손 사 모 부

派定扈從勳樹卓 遣明使節頌揚揄
파정호종훈수탁 견명사절송양유

筆書能勁鐘銘聞 崇配松陽主位呼
필서능경종명문 숭배송양주위호

이른 봄 양주에 원조를 생각하니
장흥 일영에 옛 단이 우뚝하구나.

한집안 오대가 함께 설단하여 모셔지고
천세 만손의 사모가 이어지리로다.

정평 난리에 왕을 호종하여 큰 공 세우고
명나라에 사신으로 가 찬양을 받았도다.

필법이 능란하여 두 곳 종명 글씨 이름나고
송양서원에 주벽으로 이름났도다.

佳山 任奉壎

昌化谿聲序曲虞 老婆山麓五壇膴
창화계성서곡우 노파산록오단무

追懷遠祖閥門頌 遣使旋冠名士敷
추회원조벌문송 견사선관명사부

經學廳論隣境喜 鐘銘筆迹易菴揄
경학청론린경희 종명필적역암유

講宋留際衆人感 天出奇才當有呼
강송류제중인감 천출기재당유호

양주 골에 흐르는 산골 물소리는 서곡이 즐거운데
할멈 산기슭의 五壇은 法度와 制度가 아름답다.

추회하고 있는 옛 조상은 벌문이 기리고 있는데
遣使로 돌아온 冠帶는 名士로 널리 퍼졌도다.

경학 청논을 이웃나라에서 기뻐하고 좋아하는데
鍾銘 필적의 역암공은 절구질한 곡식을 펴냄이다.

송나라에 머물 때의 강론에 많은 사람이 감동하니
천출기재라고 일컫고 부르짖음은 마땅하도다.

抒洊 趙京彙

春雪殘留寒不虞　日迎里上壇場膴
춘 설 잔 유 한 불 우　일 영 리 상 단 장 무

薹平烏碣天氤集　柏繞黃堆地力敷
대 평 오 갈 천 소 집　백 요 황 퇴 지 력 부

侵賊退治功積發　遣明受號易菴揄
침 적 퇴 치 공 적 발　견 명 수 호 역 암 유

筆鋒詩法如文武　遠祖追懷孫敬呼
필 봉 시 법 여 문 무　원 조 추 회 손 경 호

봄눈이 남아 불현듯 추워
일영리의 단 터는 크고

편편한 잔디위의 검은 비석은 하늘기운을 모을 듯
잣나무와 누런 흙더미 땅기운을 펴는 듯

외적의 침략을 물리치고 다스린 공적이 일어나고
명나라 사신으로 가서 역암이라 칭찬 받네.

붓글씨와 시법은 문무를 겸비한 듯
먼 조상 훌륭타 자손이 공경으로 큰소리 자랑타.

323. 의덕사(懿德祠)에서

그 날의 벌어진 일
내 어찌 있겠느냐

이제는 달래는 척
그 시늉 내 다 싫다

차라리 목이라도 매
안 보는 게 낫겠다

최중관

▲ 의덕사

▲ 의덕사 앞에서

▲ 의덕사 유물전시관

▲청송공 공부를 하며

323. 懿德祠(의덕사)

懿德祠在京畿道平澤市長安洞延安車氏先賢祖諸位及
의 덕 사 재 경 기 도 평 택 시 장 안 동 연 안 차 씨 선 현 조 제 위 급

靑松公追慕處也公諱安卿字弘止高祖諱得珪大將軍都
청 송 공 추 모 처 야 공 휘 안 경 자 홍 지 고 조 휘 득 규 대 장 군 도

摠制曾祖諱蒲溫判司僕寺事軍簿判書龍山君祖諱宗老
총 제 증 조 휘 포 온 판 사 복 사 사 군 부 판 서 용 산 군 조 휘 종 로

號月波翁防禦使考諱原頫字思平號雲巖諫議大夫寶文
호 월 파 옹 방 어 사 고 휘 원 부 자 사 평 호 운 암 간 의 대 부 보 문

閣直提學妣平山申氏大言君平女以高麗忠惠王復位五
각 직 제 학 비 평 산 신 씨 대 언 군 평 녀 이 고 려 충 혜 왕 복 위 오

年甲申生公也及長爲中郞將當麗末國事日非與父投紱
년 갑 신 생 공 야 급 장 위 중 랑 장 당 여 말 국 사 일 비 여 부 투 불

隱居變易後新朝屢徵終不起新朝七年戊寅九月車氏一
은 거 변 역 후 신 조 누 징 종 불 기 신 조 칠 년 무 인 구 월 차 씨 일

族八十一人被赤族之禍於河鄭咸趙等四孽之凶計其數
족 팔 십 일 인 피 적 족 지 화 어 하 정 함 조 등 사 얼 지 흉 계 기 수

日後新朝命雲巖公致祭賜門下侍中敎旨以先考遺志及
일 후 신 조 명 운 암 공 치 제 사 문 하 시 중 교 지 이 선 고 유 지 급

忠義大節不受自縊樹枝也配平澤林氏典書得忠女以失
충 의 대 절 불 수 자 액 수 지 야 배 평 택 임 씨 전 서 득 충 녀 이 실

夫之患得病直下世也墓在蔚山廣域市蔚州郡靑良面中
부 지 환 득 병 직 하 세 야 묘 재 울 산 광 역 시 울 주 군 청 량 면 중

里庚坐之原也有子曰尙道進士守父志以靑盲癩面假名
리 경 좌 지 원 야 유 자 왈 상 도 진 사 수 부 지 이 청 맹 나 면 가 명

沙門隱居也嗚呼一門三世節臣兮史上無雙至孝哉讚曰
사 문 은 거 야 명 호 일 문 삼 세 절 신 혜 사 상 무 쌍 지 효 재 찬 왈

驚蟄蛙鳴皆起齊　平城停譬一祠乩
경 칩 와 명 개 기 제　평 성 정 비 일 사 계

中郎將外諸賢奉　孼禍之過氤氣棲
중 랑 장 외 제 현 봉　얼 화 지 과 인 기 서

拒命父心終樹縊　靑盲子意誘根隄
거 명 부 심 종 수 액　청 맹 자 의 유 근 제

延車門閥尤昌裏　忠孝家風先導携
연 차 문 벌 우 창 리　충 효 가 풍 선 도 휴

323. 의덕사(懿德祠)

의덕사는 경기도 평택시 장안동에 있다. 연안차씨 선현의 조상 제위 및 청송공을 추모하는 곳이다

공의 휘는 안경이요 자는 홍지이다.

고조의 휘는 득규요 대장군도총제이다.

증조의 휘는 포온이요 판사복사사요 군부판서요 용산군이다.

조의 휘는 종로요 호는 월파옹이요, 방어사이다.

고의 휘는 원부요 자는 사평이요 호는 운암이다. 간의대부 보문각직제학이었다. 어머니는 평산신씨로 대언벼슬 군평의 딸이다.

고려 충혜왕 복위 5년 갑신에 공을 낳았다.

자람에 미쳐 중랑장이 되었다. 고려 말을 당하여 나라일이 날로 그릇되니 아버지와 더불어 인끈을 풀어버리고 숨어 살았다.

변역 이후에 신조에서 여러 번 불렀으나 나가지 않았다.

새 조정이 선지 7년 무인년 9월에 차씨 일가족 81인 여럿이 한꺼번에 죽는 화를 당했다.

하륜, 정도전, 함부림, 조영규 등 4명이 서자들 흉계에 화를 당했다.

그 일이 있고 수일 후에 새 조정에서 운암공에게 제사를 지극히 하라 하고 문하시중으로 증직하는 교지를 내렸으나, 선고의 유지 및 충의대절을 받들어 받지 않고 스스로 나무에 목을 매어 돌아갔다.

부인은 평택임씨이다. 전서벼슬 득충의 딸이다.

남편을 잃은 우환으로 병을 얻어 바로 세상을 하직하였다.

산소는 울산광역시 울주군 청양면 중리에 있다. 경좌의 언덕이다.

아들이 있으니 이름은 상도요 진사이다.

아버지의 뜻을 지켜 청맹과니 흉내를 내며 문둥이 병을 앓고 있는 것처럼 살며 이름도 가명을 쓰며 중노릇을 하며 숨어살았다.

오호라 한 집안에서 삼대에 이르도록 절신이로다.

역사상 둘이 없는 지극한 효도로다.

기려 노래하노니,

경칩 날에 개구리가 울면 일제히 모두 일어나니
평택성에서 말고삐를 멈추니 한 사당을 가르쳐주네.
중랑장 외의 모든 어진 할아버지들 위폐를 모셔놓았는데
서자들의 화마가 지나갔는데도 많은 기운이 깃들어있도다.
아버지의 마음으로 명을 거역하고 목을 매어 끝냈으니
아들은 청맹과니로 꼬임의 뿌리를 막았도다.
연안차씨 문중은 더욱 번창하는 속에
충효의 가풍을 선도하는 길로 인도하며 끌고 있도다. 전

이렇게 이렇게나
끔찍한 일은 없다

불러도 아니 가서
허물이 되었던가

거미줄 삼킨 진저리
떨고 있다 아직도

욕천 최장호

한 집안 여든한 분
하늘이 무너졌다

살아도 살 수 없는
이 일을 어찌 잊어

아들이 또 그 아들이
악다물은 붉은 입

노산당 전향아

아버지 높은 뜻을
뒤 따라 가오리다

저들이 입에 발린
뉘우친 시늉 하나

아들에 일렀나이다
우리 집안 지켜라

갑고 홍영표

갈개발 끔찍하다
아딧줄 어디있나

아버지 뜻이어서
차라리 끝내련다

뒷날에 아름다운 집
높이높이 우러러

안일당 이원희

하나도 끔찍한데
우수수 떨어졌다

못 본다 못 듣는다
없는 듯 숨어살며

뒷날에 알려주리라
옹골차게 버텼다

설전 임준신

피 바람 소용돌이
기막힌 일을 겪고

뒤로는 달래는 척
그 속을 내 모르랴

아들에 그 아들까지
큰 뜻 바로 지켰네

우인 경우수

아버지 가신 길을
아들이 뒤따르고

그 뒤로 그 아들이
다시 또 달려가니

한집안 내리 내리로
곧은 큰길 닦았네

가산 임봉훈

내 집안 쓸어버린
장날의 끔찍한 일

그래도 곧은 뜻이
어진이 씨앗남아

꽃밭을 일구어냈다
자랑스런 이 집안

오남 이종관

온 일곱 모시는 집
높다란 붉은 기둥

처마 끝 푸른 하늘
향내로 물 들였나

꿋꿋한 굳은 마음
따를 손가 그 뉘랴

서천 조경휘

의덕사(懿德祠)에서

세온스물세 번째 한가락 모임
때 : 4350(2017)년 3월 4일, 토요일, 맑음
곳 : 의덕사 - 경기도 평택시 장안동

오늘 우리가 찾아가는 곳은 청송공의 사당으로 1998년 가을에 운암공(청송공의 父)을 찾아와 공부한 곳이다. 이곳은 한가락시조집 9권에 실려 있고 한시 팀에서도 차익교 전 회장님을 모시고 찾았던 곳으로 다시 찾아오니 반갑다.

전에는 자가용으로 여러분들이 오셨었는데, 이제는 전에 기행문을 쓰셨던 서봉 선생님, 갑고 선생님 또 여러분들의 자리가 비어 썰렁하고 허전하고 아쉽다. 하기야 한가락이 시작된 지 삼십년이 되어가니 왜 안 그렇겠는가. 이젠 연세가 90이 내년인 중관 선생님도 점점 기력이 줄고 정신이 없으시다는 한숨에 가는 세월이 야속하고 안타깝다. 나 역시 무릎이 아파 원행이 망설여지니…. 이런 저런 생각으로 마음은 심란한데, 날은 우수 경칩이 지나 아주 따뜻하고 포근하다. 행선지가 가까운 평택이라 비교적 빨리 도착해 차에서 내리니 車一南 회장님, 車柄贊 총무님 또한 여러 문중 분들이 나오셔서 반갑게 맞아주신다.

의덕사는 솟을 대문인 장안문 안에 전면 3간에 팔작지붕으로 서쪽으로 향하여 아주 장중하고 의연하게 서 있었다. 우리는 곧장 107분의 위패가 모셔져 있는 사당으로 올라가, 청송공에게 배(拜) 를 올리고 미리 따뜻하게 마련된 방으로 들어가, 선생님께서 준비해 오신 자료로 공부를 시작했다. 총무님께서 작년 말에 발간된 차문종보와 소중한 책들을 나누어 주신다. 의덕사의 의덕(懿德)은 시경문자로 아름다운 덕이라 말씀하신다.

공의 아버지는 휘 원부 字 思平이시며 간의대부(諫議大夫)보문각직제학

(寶文閣直提學)을 지내신 운암공이시오, 어머니는 평산신씨이시다. 공은 자람에 벼슬에 나가 중랑장이 되었으나, 임신변역이 일어나 벼슬을 버리고 아버지를 모시고 깨끗이 살고자 은거했다. 신조에서 여러 번 불렀으나 나가지 않고 굳은 뜻을 굽히지 않았다.

신조 7년 9월에 방원을 돕던 사얼(四孼) 하륜, 정도전, 조영규, 함부림 등의 흉계로 이숙번을 시켜 장날 송원과 마원 사이의 길목에서 차씨 문중 사람 81명을 몰살했다. 이 끔찍한 일을 당한 후 어머님도 왕의 명을 안 듣는다고 죽였으니, 아버지 어머니도 돌아가시고 공은 목을 매 돌아가시니, 아들 상도가 할아버지, 할머니, 아버지 세분의 시신을 거두어 양주군 구리면 망우리 선영에 장사지냈다가 뒤에 지금의 이곳 장안동 선영으로 옮겼다고 한다. 그후 신조에서 이성계가 치제(致祭) 제사를 잘 지내라는 교지와 문하시중 벼슬을 증직했다. 그러나 아버지의 뜻을 잘 아는 공이 신조의 교지를 어떻게 받들겠는가! 청송공은 받지 않고 나뭇가지에 목매고 돌아가셨으니, 그 부인 평택임씨도 남편을 잃은 근심으로 바로 세상을 버렸다고 한다. 공의 묘는 여기에 모셨다가 울산광역시 울주군 청량면으로 모셨다고 한다. 그 아들 휘(諱) 상도(尙道)공도 그 아버지의 뜻을 이어 눈뜬 장님으로 누구도 얼굴을 모르게 옻칠하여 얼굴도 바꾸고 이름까지 바꾸고서 절로 숨어 스님으로 살았다고 한다.

삼대에 걸친 효, 충의 절신이 또 있겠는가! 어이없는 참담함에 기가 막히고 깨끗한 절개에 가슴이 먹먹해진다. 선생님께서 찬하신 시조와 한시를 읊어 드리고, 조상들의 유물을 가지런히 정리해 놓은 귀한 유기 도자기, 설원기 등 귀한 책들을 둘러보았다 후손들의 정성이 나타나 있었다. 문중에서 마련해주신 점심상을 받았다. 햇 냉이무침에 취나물, 홍어무침 그리고 잡채 등등 너무너무 맛깔나고 푸진 잔칫상을 받아 아주 맛나게 먹었다. 대접해주신 연안차씨 문중께 거듭거듭 감사하단 인사를 드린다. 또 바쁜 중에도 동참해준 노춘래 선생님께도 고맙다는 인사를 드린다. 한시 3수를 곁들인다.

안일당 이원희 쓰다.

梧南 李鍾寬

陽月平城春色齊 長安洞裡古祠乩
양 월 평 성 춘 색 제 장 안 동 리 고 사 계

延車列祖奉尊廟 孼禍之怨寃恨棲
연 차 열 조 봉 존 묘 얼 화 지 원 원 한 서

拒賜子煩終自縊 順從父訓始承隄
거 사 자 번 종 자 액 순 종 부 훈 시 승 제

一門三世節儀頌 竹帛無雙誠孝携
일 문 삼 세 절 의 송 죽 백 무 쌍 성 효 휴

2월 평택에 춘색이 가지런한데
장안동리에 고사를 찾아왔더라.

연안차씨 열조를 봉안한 사당인데
얼자의 화로 인한 원통한 한이 깃들었도다.

하사된 벼슬을 거부한 아들 번민 끝에 목매니
아비의 유훈을 따라 비로소 옳은 길을 이었도다.

일문 삼세 절의를 찬송하니
청사에 무쌍한 성효를 이끌었도다.

佳山 任奉壎

車閥平城史蹟齊 來龍聳立一祠乩
차 벌 평 성 사 적 제 내 룡 용 립 일 사 계

懿行至孝百牌列 勳德節臣三世棲
의 행 지 효 백 패 렬 훈 덕 절 신 삼 세 서

居隱靑盲遺蔭奉 妖變赤族滅門隄
거 은 청 맹 유 음 봉 요 변 적 족 멸 문 제

雪中松柏唱吟苾 何不家風忠義攜
설 중 송 백 창 음 필 하 불 가 풍 충 의 휴

연안차씨의 평택에는 역사의 자취가 엄숙한데
내룡에 우뚝 솟아 세운 한 사당을 上考 考察한다.

아름다운 덕행과 至孝는 百位 위패로 羅列되었고
베푼 공훈 절신은 三代로 이어져 깃들고 있다.

숨어 살아온 청맹과니는 遺志와 음덕을 받들고
妖怪 재앙의 赤族變故에도 멸문之患을 막았다.

설중송백(節介 志操)을 노래하고 읊고 향기 피움은
어찌 家風이 아닐꼬! 忠孝와 大義를 이어옴이여.

抒涥 趙京彙

平澤山河春氣齊　延安車閥一祠乩
평 택 산 하 춘 기 제　연 안 차 벌 일 사 계

先賢諸位蔭氤滿　後裔至誠香馞棲
선 현 제 위 음 인 만　후 예 지 성 향 발 서

父被孽凶偕沒到　子行樹縊單殃隄
부 피 얼 흉 해 몰 도　자 행 수 액 단 앙 제

孫隨隱處癩盲苦　三世節臣精孝携
손 수 은 처 라 맹 고　삼 세 절 신 정 효 휴

평택 산하에 봄기운이 가지런한데
연안차씨 사당을 찾아가니

조상의 많은 제위를 모셔 그 음덕의 기운이 가득하고
후손의 지극한 정성의 향내로 깃들어 있다.

아버지는 얼자들의 흉계로 다 함께 몰살을 당하고
아들은 나무에 목을 메어 앞으로의 재앙을 방지하고

손자는 조, 부의 뒤를 이어 눈뜬 맹인, 나환자로 고통 속에 지냈으니
삼대의 절개를 지킨 집안 깊고 그윽한 효성의 이끌음이라.

한가락 모임을 되돌아보며

사람은 저마다 풍기는 내음과 색깔이 있다. 난초의 은은한 향기로부터 시장에서 풍기는 썩은 생선 냄새, 정열적인 빨강과 깨끗하고 순수한 흰색 등 다양한 모습들이 있다. 우리는 길어야 한 백 년의 삶 속에서 이런 사람들과 부딪치고 감화를 받으며 살아가고 있다. 수줍음이 많아 남 앞에 나서길 꺼리는 소극적 성격으로 특별히 공부를 잘한 것도 아닌데 나에게 서울에서 교직 생활을 하게 된 것이 첫 번째 행운이라면, 인간의 진정한 삶이 무엇인지를 일깨워준 중관선생님을 만난 것이 두 번째 행운이었다.

지금으로부터 30여 년 전 어느 겨울, 학교 방학이라 특별히 하는 일 없이 보내던 중에 무엇인가를 배워야겠다는 생각에 이곳 저곳을 기웃거리다가 찾아간 곳이 인사동에 있던 사단법인 유도회였다. 한문을 배우기로 결심하고 논어를 수강 신청하면서 선생님을 처음 만나게 되었다. 당시 유도회는 석사 이상의 학생을 뽑아 무료로 가르치고, 방학 때면 한문 교사들을 모아 한문 연수를 하였으며 일반인들에게도 사서삼경을 가르치고 있었다. 나를 포함한 3명의 학생이 선생님께 논어를 배우게 되었다. 논어의 내용을 하나하나 배우면서 새로운 것을 알아간다는 즐거움은 어느 것에 비길 바가 없었다. 매주 한 번씩만 공부하다 보니 논어 한 권을 마치는데 무려 2년이 걸렸다. 책거리를 하던 날, 선생님께서 불러 주시던 시조창 한가락은 어느 무엇보다도 황홀감에 빠지게 하였다. 선생님께 사정사정하여 시조창을 배우게 되었다. 시조란 우리 겨레의 자랑스러운 문학이자 음악으로 지식층인 선비들이 고려시대 이래로 지어 불러온 전통이니 반드시 시조의 원형을 바르게 이어가야 한다고 강조하시면서 시조 짓고 부르는 법을 가르쳐 주셨다. 시조창을 배우려는 학생이 점차 늘어 10여 명이 되었다.

세상이 온통 서양 문물에 휩쓸려 우리의 뿌리까지 흔들리는 상황에서 우리의 정신을 회복하기 위해 선조들 중에 올곧게 살아간 분들의 유적을 찾아가서 공부하고 추모의 시조를 짓자는 취지에서 선생님의 지도하에 한가락 모임이 탄생하게 되었다. 1990년 4월 29일 첫 번째 역사탐방지는 경기도 포천 왕방산에 있는 고려 말 충신 이헌 성여완공의 유적지였다. 그 후 매달 고려 말 충신, 고려의 개국공신, 조선의 올곧은 선비의 유적을 찾아 공부한 자료와 추모의 시조, 기행문을 모아 1년마다 한가락 시조모음집을 엮어 올해까지 27권의 책이 나오게 되었으니 선생님의 열정적 지도가 아니면 과연 가능했을까….

선생님은 우리 것에 대한 사랑이 남다르셨다. 역사탐방 때마다 항상 두루마기를 입으셨다. 한가락 모임이 중국을 거쳐 백두산 역사탐방을 갔을 때도 하얀 두루마기를 입고 공항에 나와서 우리를 놀라게 했고 중국에서도 이목을 집중시켰다. 서양 말을 덜 쓰고 토박이말을 되살리려 노력하며 '페이지'란 단어를 '쪽'이란 우리말로 바꾸어 처음 사용했으며, 시조를 지을 때도 한자말을 철저히 배제하고 순 우리말을 쓰게 하여 회원들을 곤욕스럽게 하곤 하였다. 심지어 서양말로 된 물건은 사거나 쓰지 않고, 서양말로 간판을 붙인 집엔 들어가지 않으려 하였다. 우리의 뿌리인 역사를 바로 알기 위해선 한문이 필수적이라면서 늘 한문 공부를 강조하셨다. 또한 우리가 애용하는 고사성어들은 대부분 중국에서 유래된 것을 통탄해 하며 회원들을 독려하여 삼국유사와 삼국사기를 뒤져 우리 역사에 바탕을 둔 사자성어를 만들어 『삼국사기 · 삼국유사의 우물물』이란 사자성어집을 출판하기도 하였다. 우리 정신의 바탕은 한 마디로 선비정신이니, 선비는 남의 앞에 서서 지도하고 이끌어가는 사람이란 생각으로 선생님 스스로 평생 철저한 언행일치와 남의 본이 되기 위해 노력하시었다.

20년 이상을 선생님께 『사서삼경』, 『노자』, 『장자』, 『열자』, 『삼국유사』, 『삼국사기』, 『규원사화』, 『환단고기』, 『화동인물총기』, 『중국정사』 중 우리 역사 부분 등 많은 한문 내용을 배웠고, 30년 가까이 역사유적 탐방의 지도를 받았지만 워낙 우둔하여 한문 실력이 턱없이 부족하다. 더욱이 나는 직장을 퇴직한 후 고향으로 돌아가 농촌 생활을 핑계로 1년 동안 한가락 모임 참여에 소홀하였고, 선생님의 정신을 반의반도 이어가지 못하였으니, 이 얼마나 부끄러운 일인가.

고룡 맹치덕 씀.

엮고 나서

한가락 모임이라는 넓고 큰 이름이 탄생된 지가 언제였더라. 1990년에 시작된 모임이니 올해로 27년째이다.

꿈 이런가! 언제 그렇듯 세월이 흘렀을까?! 생생한 어제 같고 새롭기만 한데 흐르는 세월이 유수(流水)와 같다고 하더니만~~~.

아직도 한가락 모임 날이 되면 떨리고 설레는 마음뿐인데 그토록 오랜 세월이 흘렀다니…….

나도 모르는 사이 나의 지나간 생활들이, 아니 우리 한가락 회원들의 노고의 발자국이 역사가 되었다.

한 번도 거르지 않고 한 달에 한 번씩 다니면서 27년을 이어왔으니 감히 역사가 되었다고 말해도 되지 않을까!

우리 한가락 회원님들은 언어의 표현을 최대한 절제(節制)하며, 하지만 선이 굵은 획기적인 읊조림으로 단시조만 쓰는 옹고집을 지키면서 한가락이라는 시조 모음집을 27권 째 펴내고 있으니 박수를 받아 마땅하다고 생각한다.

모임의 나이가 30여 년을 다가서다보니 80이 넘으신 어르신들의 건강이 제일 문제이다.

몸이 불편하심에도 불구하고 원고를 내어주셔서 정말로 머리 숙여 감사의 예를 올린다.

항상 회원님들의 건강을 기원하면서……!

언제나 열정이 넘치시는 한가락 회원님들 한분 한분에게 커다란 꽃다발을 드리고 싶다.

한가락 회원님들 고맙습니다. 사랑합니다. 건강 하세요~.

총무 노산당 전향아 씀.

◆ 부록

歷史探訪講論資料

차례	곳	고을	사람	어떤 이
312	學亭書院	전북 임실	洪 鵬	조선조 선비
313	報遠齋	경북 안동	李達衷	고려 충신
314	文簡公墓	충북 진천	李 挺	〃
315	永思齋	충북 영동	朴元龍	고려 절신
316	判書公墓	충북 음성	朴長生	〃
317	追遠亭	경남 합천	李作臣	고려 충신
318	退庵祝祭	충남 부여	金居翼	고려 절신
319	義易堂	충북 단양	禹仲大	고려 충신
320	巖灘公墓	경기 광주	李養蒙	고려 절신
321	釣隱公墓	경기 고양	柳 珣	〃
322	易菴公壇	경기 양주	成士達	고려 충신
323	懿德祠	경기 평택	車安卿	고려 절신

鶴亭書院

鶴亭書院在全羅北道任實郡青雄面九皐里洪敬齋公追慕處也公諱鵬南陽人高麗太師殷悅之后匡定公南陽府院君諱奎之十世孫考諱碩舫禮曹參判生父諱巨舫參判公兄司僕寺主簿以中宗三十四年己亥生公天資穎敏器宇端正孝友出天極盡其誠鄉人莫不稱之及長字大游好讀書特留心於性理之書學已成就不意科業別構草屋扁以敬字幅巾藜杖吟哦其間滿壁圖書尤嗜史書以論前輩優劣特人耶正著東國世家二卷又著河圖贊洛書贊合爲一篇遠近士類聞風向慕咸稱南州高士也父母之喪三年居廬先祀之奉亦殫其誠祭田所收之穀藏之別庫以備祭需之辦祭時所供之醬沈於別器封置淨處不使妻孥混於日用也配全州李係女有三男三女宣祖三十年丁酉三月二十五日卒享年五十九墓在青雄面玉田里先塋也讚曰

南道谷風花信侵　鶴亭書院一車尋
飛檐瓦屋七賢奉　享事晩春三日臨
孝悌至誠庭訓守　河圖贊述洛文斟
別樓草舍扁之敬　萬世咸稱高士欽

赧遠齋

赧遠齋在慶尚北道安東市豐山邑晩雲里李霽亭公追慕處也公諱達衷字仲權慶州人曾祖諱翮門下評理祖諱世基大提學謚文信考諱蒨大提學月城府院君謚文孝號菊堂妣竹山朴氏竹城君顗女以高麗忠宣王元年己酉生公自幼穎異及長好讀書以忠孝爲庭訓年十八擢魁第歷諸職爲成均祭酒恭愍王元年拜典理判書明年以監察御史轉戶部尙書時設八關會雜戲忤聖旨係獄俄以爲名儒升拜密直提學因初諱字中新稱衷亦王命也同王七年出爲東北面兵馬使時辛旽爲王之師傅左右國政淫於酒色公以詩評曰騁恠馳妖老野狐那知有手競張弧威能假虎熊羆懾媚惑爲男婦女趨黃狗蒼鷹眞所忌烏鷄白馬是何辜嘗聞詭死必丘首已見城東官道隅嗚呼一字砲手之警句也哉辛旽之秕政言之者多矣如此以詩句評之者不多也至野狐之比喩開口不合哉公之筆端銳敏今後從者其何人乎公遂見罷後出鷄林尹又封鷄林府院君驪興王十年甲子八月十八日卒享年七十六謚文靖配橫城趙氏政堂文學文瑾女後配忠州石氏

忠烈公祐女三配平壤趙氏尚書千裕女公輔佐堂叔益齋先生某纂國史與白文寶遂成完史又著作詩文盛旺散逸之餘收集以霽亭集行世也儀人人信儒賢之精美而確認性理之風哉嘗鄭圃隱拜公遺像於淸瀾亭有詩曰傳家聲烈忠移孝蓋世文章道業儒於是乎可謂文忠公亦其正知公也哉讚曰

小滿福州加策亭　脫雲里上一齋譚
稱名叛遠後孫恪　神道碑銘先祖龕
佛祭八關王旨逆　權僧七律狐朐劉
土宜微近無寬裏　性理儒風大響舘

文簡公墓

文簡公墓在忠淸北道鎭川郡文白面思陽里公諱挺初名春吉淸州李氏也高麗太祖之肇興有諱能希左右有功封爲國公圖形壁上即始祖也高祖諱椿老參知政事謚貞肅公曾祖諱粧朝請大夫殿中監贈金紫光祿大夫知門下省事上將軍判禮曹事祖諱昌祐版圖摠郎贈匡靖大夫密直司典理判書上將軍考諱季瑊重大匡垠城君謚正憲公妣彦陽金氏匡靖大夫都僉議參理集賢殿太學士同修國史謚文愼公賆女以生公高麗忠烈王二十三年

丁酉也自幼穎異公年二十九始以門蔭拜入關寶
判官明年登科歷諸華職戊戌光祿大夫刑部尙書
公常以淸儉自律循蹈禮則不隨俗俯仰世俗服其
正直退居鎭川之常山不求宦達恭愍王十年辛丑
六月十九日以疾卒享年六十五葬于常山之南麓
配溟州金氏通禮門副使贈光祿大夫知門下省事
繼紹女有四男二女以驪興王元年乙卯四月二十
一日卒享年七十葬于公塋之下男長曰由信登壬
午科以刑部郎中出按慶尙道先公歿次曰居仁檢
校左政丞卒謚恭節次曰居義工曹典書號淸隱嘗

推知革世之命棄官隱居作詩見志曰百世淸風起
首山一時至德隱荊蠻臨難罔僕知吾志天理人情
合義還其富貴功名視如浮雲竟乃遯世而卒其貞
忠大節可以無愧千萬世也次曰居易官新朝左政
丞領司平府事西原府院君謚文度公再登盟府功
臣婿檢校門下侍中李崇恭安府尹閔慶生也讃曰

南走汗流開口鹽　鎭州停轡一墳諒
金臺明廣貴門衍　烏石序銘新筆纖
肇國爲王功烈大　終期有子節臣瞻
今時過客調聲嘆　淸隱遺詩賡詠忺

永思齋

永思齋在忠淸北道永同郡楊江面藍田里朴吏部侍郎公追慕處也公諱元龍順天人也始祖高麗開國功臣三重大匡諱英規其後失傳以高麗寶文閣大提學諱淑貞起一世卽公之考也嘗關東仗節時構鏡浦臺及三日浦四仙亭也侍郎公生於勳門聰慧過人自幼孝於親從李益齋安謹齋文藝夙就廉直公平不欲與小輩同朝也位至吏部侍郎當麗末亂世乃視靑紫如草芥投紱南遯于天磨山谷而終也有一男曰天祥都僉議侍中恭愍王封平陽府院君威化島回軍以後新興權臣以誣構罪案迫害勳舊世族被遠流杆城王二年連累於李成桂除去之金宗衍謀議事件見辱新朝六年徵拜不拜與李子可權遠遯于伽倻山竹栢洞也侍中公前娶元氏無育後娶星州李氏蔵元公褒女有三男一女長曰可興軍簿判書壬申變易後家産籍沒被禍也讚曰

探問麗痕到處感　天磨山麓一齋鑑
改良瓦屋永思號　琢玖銘言鐵節諵
父子遯南蹤迹隱　祖孫同道朔心巖
羅皇大姓矜誇裏　爲筆萬年靑史劖

判書公墓

判書公墓在忠清北道陰城郡遠南面馬松里公
諱長生順天人其先出新羅王高麗初開國功臣諱
英規三重大匡公始祖也祖諱淑貞高麗寶文閣大
提學考諱元象工曹典書壬申變易投紱歸鄕杜門
自靖世稱麗末八靖也妣南陽洪氏安東都護府使
彦猷女以生四男長曰首生郡事次曰公次曰安生
義盈庫使次曰易生判官也公生於勳閥門懷大志
大科後歷華職至吏曹判書及麗末以軍閥亂政不
樂仕宦暫出開城尹退去于陰城馬溪下駕龍村杜
門而絕世事堅守三韓甲族之矜持以終也村後直
洞之北數步許有公之萬年幽宅壬坐丙向陽地也
山秀水清而古眞君子棲息隱遯之良處也配坡平
尹氏判典儀寺事承休女墓祔公兆也嗚呼父子雙
節兮養志庭訓誠孝哉祖孫叔姪同心兮麗末一門
捐心哉高麗建國功臣兮三重大匡始祖哉也讚曰

匹馬初秋出走東　陰城陽地一墳悾
千年幽宅繪衾娜　十丈碑身吐語瓏
投紱遠藏從父義　厭新探故守門崧
溪清山秀明堂裏　蔭德繁昌萬世通

追遠亭

追遠亭在慶尙南道陜川郡三嘉面下板里李侍中公追慕處也公諱作臣仁川人高祖諱顗門下侍郎平章事曾祖諱資德中書侍郎平章事祖諱之和尙衣考諱惟實中書舍人妣俠溪裵氏祗候允才女以生公自幼穎異及長非獨忠孝持名門之矜嚴忠烈王朝登第歷華職至侍中女爲恭愍王妃王惑於辛旽公以元老大臣直諫不辭示妃時時進諫遂忤王意公及妃共被貶出卽今三嘉也後王作延德宮百間賜妃未幾公卒于其貶所子孫因居縣南兎洞

至今有其址也墓在馬壯洞卯坐酉向也有三男一女長曰漸少監寶文閣學士見麗季政亂悠然怡退奉老養志與一時名流逍遙山水以終次曰勣三嘉戶長從父終身次曰泊恭愍朝以太師命招公隱於報恩箕山作歌曰味好哉味好哉採箕山之薇矣高節哉高節哉周伯夷之義矣終老林泉以卒又有長孫曰樞典醫監正字直卿號永慕齋性純孝家貧難繼甘旨天告闆忽大雷電櫃自天落下卽米櫃也其中有供三年之養親也當親喪翌日復雷電櫃忽不見人皆驚異至今號其野電坪時喪禮士大夫皆百

日公獨三年廬墓哀毁踰制事聞于朝驪興王九年
癸亥國王遣按廉使呂克璵同城郡事崔卜麟竪雙
碑以旌之及麗末與鄭圃隱夢周李石灘存吾李遁
村集諸賢相友善深排異端扶植斯文堅持父祖之
義以林泉之樂終世也其後新朝英祖特重輯閭閣
丹碧享于龍淵書院也碑閣道有形文化財也讚曰

處暑已過促近冬　陝川停轡古亭恭
楣名追遠後孫恪　烏石銘言先祖手
一女王妃同父諫　三男誠孝守門顯
邵城李闕至麗末　義氣凝延天上衝

退庵祝祭

退庵祝祭奉演于忠淸南道扶餘郡扶餘邑中井
里扶陽齋也退庵麗末節臣其裔孫茶軒金柱白教
授以至誠爲先祖盡孝竭力也哉往年半平生即三
十餘年間以韓中日三國學術文化交流之名開催
十一次國際行事即講演會書籍發刊碑石建立等
多樣記念行事也由是東奔西走如彼白髮星星又
老顔額線甚厚也特中國桐廬縣嚴子陵遺跡地合
同建立退庵子陵屏銘碑兩國文化交流史一大光
輝之事也嗚呼茶軒翁功以何言開口乎以何文字

動筆乎麗末節臣爲數百名唯獨退庵愉愉而衛後裔之賢也世稱其祖下有其孫也哉此天下半萬年歷史上唯一無二祖孫間之義理香氣也三韓甲族門閥兮不聽義城金門乎韓中日古代史兮三國一家往來哉今日行事國際兮茶軒之圖復舊哉今日此筵貴賓兮向祖孫恪拍手乎合掌祝未來哉讚曰

寒露南鞭白馬江　古都東谷一齋嘘
千年往事報元大　三國新朋追念歷
先祖猾心天感應　後孫誠孝人稱悅
退庵香氣刊行裏　今日他門豁闢窓

羲易堂

羲易堂在忠清北道丹陽郡赤城面艾谷里禹侍中公追慕處也公諱仲大丹陽人高祖諱臣典法令曾祖諱仁可楊州牧使祖諱仍順觀察使考諱慶節知都評議司事以生公于丹陽品達里第有資性之美聰明卓異文藝夙就守庭訓學高德崇高麗高宗十六年己丑以鄉貢進士擢文科官至門下侍中也一人之下萬人之上重任以清白終焉世人尚尊其衣履之藏而稱之曰禹令公墓也其墓在丹陽郡北十里許錚纊山南校山村面艾谷里艮坐之原有碑

魂遊石望柱石長明燈文人石以護石圍墳圍繞于嚴肅之氣俗稱燈盞形明堂也因唯遠居有光福以燈下不明故也配林氏判書成璞女生五男長天珪門下侍中同平章事天啓判書天錫門下侍中天佑軍器尹天成郎將也公嘗題永春北巖壁詩曰昨登寧海峽今下永城灘一水決千里片舟過萬山讚曰

自古丹陽禹閥支　赤城艾谷一堂祺
飛檐瓦屋嚴全特　燈盞明墟蔭憲丕
庭訓篤行天賦美　侍中功業世稱欽
子孫出衆譽聲裏　不億雲仍萬歲禧

巖灘公墓

巖灘公墓在京畿道廣州市昆池巖邑晩仙洞公諱養蒙廣州李氏麗末節臣石灘公弟也天性剛直人品端雅至極忠孝恭愍朝文科官至大匡輔國崇祿大夫版圖判書高麗運傾痛力不足新朝開國與其兄曰共蹈首陽之躅云退去廣州南漢山東麓即河南市德豐里也新朝太宗幸廣州欲召公兄弟與道舊公不肯見避逃于元積山下晩仙洞杜門不出遺教子孫使不受學子業以防臣事之路太宗歎其節特下李某子孫萬歲勿侵役之教配貞敬夫人羅

州朴氏生四男二女述生迪生振孫靈孫四子也皆守訓不就宦路宣廟時筵席上語及節義問李某子孫有無有一宰臣對曰李養蒙玄孫明仁在臣之比隣上即除請陵參奉明仁曰吾卒不可以背先遺敎因契家逃避于斗驛也此晚仙洞後主峰曰恭愍峰自此里移居時不忘恭愍王朝夕向拜處也哉讚曰

小雪已過陽復微　昆池巖邑一墳機
金臺淸氣排新命　烏石銘言歌舊緋
兄弟杜門堅節大　子孫遺訓猬心巍
兩灘廣李成名閥　千萬年年日月輝

釣隱公墓

釣隱公墓在京畿道高陽市幸信洞道鄕土遺蹟第三十號境內也公諱玽號釣隱又漁村晉州柳氏也曾祖諱仁庇政堂文學參知政事晉山君祖諱濡門下贊成事判民厚德府事晉州伯考諱惠芳知靈光郡事以忠肅王復位四年乙亥生公自幼穎敏以忠孝爲庭訓恭愍王九年文科歷都官正郎慶尚道按廉使楊廣道都觀察使藝文館大提學政堂文學門下評理及壬申變易登掛冠峴脫朝服冠帶以蔽陽笠入杜門洞再入楊州五峰山隱于苔川子陵釣

臺也新朝以革職屢徵終不起曰以磻溪直釣釣周
何意乎後訪元耘谷參雉岳山變革祀也新朝七年
戊寅卒享六十四也與圃隱公同榜兮忠義介節交
款哉收復京城有功兮二等功臣冊祿哉慶尙道之
按廉兮巡問使之彈劾哉宰相政事擅權兮都堂上
訴治罪哉不事二君高節兮杜門書院配享哉讚曰

探問昔人間釣魚　高陽停轡一墳渠
柳門顯祖幽宮列　鄉土保存文化譽
己巳廢王投拔隱　壬申變易猾心儲
鉤周何用磻溪老　萬讀六韜無作驢

易菴公壇

易菴公壇在京畿道楊州市長興面日迎里公諱士達字兼善昌寧成氏曾祖諱君補都僉議門下評理祖諱貯選部典書考諱彦臣知林州事以生公自幼好讀書忠惠王復位二年成均試壯元後文科歷檢閱恭愍王元年大護軍同王八年紅巾賊侵入以判典校寺事扈從爲推忠協翊功臣又平定金鏞反亂以爲一等功臣同王十三年爲交州道兵馬使女眞三善及三介等侵入以精兵五百退治咸州和州回復凱旋歸京後爲集賢殿太學士至三重大匡寶

文閣大提學同王二十年以遣明使聽稽曰天出奇
才受雅號易菴後封昌山府院君筆書能開城南大
門鐘銘演福寺鐘銘有名驪興王六年庚申卒諡號
文孝也牧隱挽公之靈曰筆鋒勁直光如射詩法平
和味自醇全羅北道高敞郡海里面松山里松陽祠
主壁也有子名曰溥號曰眉山杜門洞節臣也讚曰

遠祖追懷豈不虔　楊州深谷先壇膴
一門五代竝偕奉　千里萬孫崇慕數
播越扈從功甚特　遣明使節讚尤揄
筆鋒勁直鐘銘善　祠額松陽主壁呼

懿德祠

懿德祠在京畿道平澤市長安洞延安車氏先賢
祖諸位及青松公追慕處也公諱安卿字弘止高祖
諱得珪大將軍都摠制曾祖諱蕭溫判司僕寺事軍
簿判書龍山君祖諱宗老號月波翁防禦使考諱原
頫字思平號雲巖諫議大夫寶文閣直提學妣平山
申氏大言君平女以高麗忠惠王復位五年甲申生
公也及長爲中郎將當麗末國事日非與父挍紱隱
居變易後新朝屢徵終不起新朝七年戊寅九月車
氏一族八十一人被赤族之禍於河鄭咸趙等四孼

之也許其數日後新朝命雲巖公致祭賜門下侍中
敎旨以先考遺志及忠義大節不受自縊樹枝也配
平澤林氏典書得忠女以失夫之患得病直下世也
墓在蔚山廣域市蔚州郡青良面中里庚坐之原也
有子曰尚道進士守父志以青盲癩面假名沙門隱
居也嗚呼一門三世節臣今史上無雙至孝哉讚曰

驚蟄蛙鳴皆起齊　平城停轡一祠乩
中郎將外諸賢奉　孼禍之過氛氣棲
拒命父心終樹縊　青盲子意誘根隄
延東門閥尤昌裏　忠孝家風先導攜

한가락 찾아간 차례

역사탐방 323회

4323. 4. 29 ~ 4350. 3. 4

한가락 모임

한가락 모임

▸시 작

중관 최권홍 선생님으로부터 한문공부를 하던 사람들이, 어느 날 모여서 한문공부의 목표를 이야기하던 중, 한문공부는 우리의 과거사를 알기 위해서이고, 우리의 과거를 바르게 알지 못하고서는 남의 앞에 서는 지도자가 될 수 없고, 지도자란 바로 우리의 옛 선비 정신을 갖추어야 되는데, 바로 그 옛 선비의 멋 중에는 시조라는 풍류가 있다는 것을 알게 되었다.

벽고, 고룡, 욕천, 노산당 등 12명이 뜻을 모아 따로 한문공부를 계속하여 우리의 역사를 올바르게 알며, 또 시조공부를 통해 선비로서의 멋까지도 아울러서 남을 이끄는 지도자로서의 소양도 길러보고자 역사의 현장 즉, 우리 역사 속에서 남달리 훌륭한 지도자적 삶을 살다간 분들의 유적지를 찾아가 그 정신을 시조로 읊어보고자 했다.

1990년 4월 29일, 중관 선생님을 모시고 경기도 포천군 신북면 고일리 왕방산 밑에 있는 고려말 절의충신 성여완 이헌 묘를 찾아가 시조를 읊고, 모임의 이름을 '한가락'이라 선생님께서 붙여주셨다.

▸활 동

주례활동 – 매주 목요일 19시~21시, 역사공부, 시조공부.

월례활동 – 매월 첫 토요일, 역사탐방을 통해 현장에서의 역사공부와 시조 지어 읊기로 시조의 원형 되살리기.

연례활동 – 매년 4월 29일, 시조집 발간 출판기념회 및 연구발표.

* 현재 역사탐방 323회로 한가락 시조집 1~27집과 기타 연구집 30권을 출간함.

차례	곳	사람	어떤 이	고 을	날 짜	한가락
1	怡軒墓	成汝完	고려 말 절신	경기 포천	4323. 4. 29	제1권
2	金水亭	楊士彦	조선조 선비	경기 포천	5. 27	〃
3	洗心亭	趙 昱	〃	경기 양평	6. 24	〃
4	寶山亭	朴 禎	고려 말 절신	경기 양평	7. 22	〃
5	聽松墓	成守琛	조선조 선비	경기 파주	9. 09	〃
6	壯節公墓	申崇謙	고려 개국공신	강원 춘천	10. 14	〃
7	耘谷墓	元天錫	고려 말 절신	강원 원주	11. 11	〃
8	牧隱墓	李 穡	〃	충남 서천	12. 09	〃
9	觀瀾亭	元 昊	조선조 생육신	충북 제천	4324. 1. 03	〃
10	採薇亭	吉 再	고려 말 절신	경북 구미	2. 03	〃
11	氷玉亭	金令貽	고려 말 충신	충북 영동	3. 17	〃
12	邀僊亭	楊士彦	조선조 선비	강원 영월	4. 01	제2권
13	避世亭	趙 紳	고려 말 절신	충북 괴산	5. 26	〃
14	紫薇亭	李 午	〃	경남 함안	6. 30	〃
15	東皐亭	李英吉	조선조 선비	충북 청원	7. 28	〃
16	月巖亭	金 澍	고려 말 절신	경북 선산	8. 25	〃
17	獨守亭	全新民	〃	전남 담양	9. 08	〃
18	返舊亭	權 定	〃	경북 영주	10. 06	〃
19	永思亭	劉 懽	〃	경남 거창	11. 10	〃
20	花樹亭	具 鴻	〃	대구 북구	12. 01	〃
21	隅谷亭	鄭 溫	〃	경남 진주	4325. 1. 11	〃
22	教授亭	趙承肅	〃	경남 함양	2. 09	〃
23	陟西亭	洪 魯	고려 말 충신	경북 군위	3. 08	제2권

차례	곳	사 람	어떤 이	고 을	날 짜	한가락
24	洗心亭	南知言	조선조 선비	충북 영동	4325. 4. 12	제3권
25	南下亭	金 佇	고려말 충신	경북 예천	5. 05	〃
26	永慕亭	愼義連	조선조 효자	전북 진안	6. 14	〃
27	醉石亭	金景憙	조선조 선비	전북 고창	7. 05	〃
28	梅鶴亭	黃耆老	〃	경북 선산	8. 24	〃
29	梅菊亭	李兆年	고려 말 선비	경북 고령	9. 20	〃
30	越松亭	李 行	고려 말 충신	경북 울진	10. 03~04	〃
31	草澗亭	權文海	조선조 선비	경북 예천	11. 01	〃
32	臥仙亭	太白五賢	〃	경북 봉화	12. 06	〃
33	洗川亭	吳國華	고려 말 절신	경북 의성	4326. 1. 10	〃
34	三詠亭	柳漢禎	조선조 선비	경북 군위	2. 07	〃
35	如此亭	張 槩	〃	경북 구미	3. 07	〃
36	天雲亭	李萬敷	〃	경북 상주	4. 18	제4권
37	丹丘館	金 後	고려 말 절신	경남 산청	5. 16	〃
38	詠歸亭	金光粹	조선조 선비	경북 의성	6. 13	〃
39	江昌閣	全文軾	고려 말 절신	전북 진안	7. 04	〃
40	萬景亭	尹師晳	조선조 선비	충북 청원	8. 22	〃
41	松谷祠	柳方澤	고려 말 절신	충남 서산	9. 19	〃
42	睡仙亭	宋眞儒	조선조 선비	전북 진안	10. 17	〃
43	望京樓	閔安富	고려 말 절신	경남 산청	11. 07	〃
44	魯岡齋	柳 藩	〃	경남 합천	12. 05	〃
45	龍浦齋	申 祐	〃	경북 의성	4327. 1. 09	〃
46	種善亭	琴應石	조선조 선비	경북 봉화	2. 06	제4권

차례	곳	사 람	어떤 이	고 을	날 짜	한가락
47	景德齋	姜淮仲	고려 말 절신	경기 고양	4327. 3. 06	제4권
48	歸來亭	申末舟	조선조 선비	전북 순창	4. 10	제5권
49	瑞雲齋	全五倫	고려 말 절신	강원 정선	5. 08	〃
50	枯松亭	金忠柱	조선조 선비	경기 시흥	6. 12	〃
51	景杜齋	金冲漢	고려 말 절신	전북 남원	7. 03	〃
52	居然亭	全時敍	조선조 선비	경남 함양	8. 21	〃
53	永慕齋	金士廉	고려 말 절신	충북 청원	9. 11	〃
54	德川齋	柳興龍	조선조 선비	충북 청원	10. 16	〃
55	尋源亭	鄭芝榮	〃	경남 함양	11. 06	〃
56	大承齋	崔 瀁	고려 말 절신	전북 완주	12. 04	〃
57	高德齋	李養中	〃	경기광주	4328. 1. 15	〃
58	醉睡亭	金可行	〃	경남 거창	2. 05	〃
59	基洞書院	李 瓊	〃	경남 거창	3. 05	〃
60	建溪亭	章大莊	〃	경남 거창	4. 02	제6권
61	成仁堂	朴可權	〃	경북 성주	5. 07	〃
62	永慕齋	玄玉亮	〃	경북 예천	6. 04	〃
63	靖慕齋	金五行	〃	전북 고창	7. 02	〃
64	慕松齋	崔 淸	〃	경기 양주	8. 20	〃
65	五柳書社	朴 愈	〃	충남 예산	9. 17	〃
66	崇德齋	晉于蘭	〃	전북 남원	10. 01	〃
67	敬慕齋	李攀桂	〃	강원 횡성	11. 05	〃
68	三松齋	朴宜中	〃	전북 김제	12. 03	〃
69	漁隱齋	卜渭龍	고려 말 절신	충남 홍성	4329. 1. 07	제6권

차례	곳	사 람	어떤 이	고 을	날 짜	한가락
70	崇慕齋	殷莘尹	고려 말 절신	경기 용인	4329. 2. 04	제6권
71	繼敬齋	金世英	〃	전북 부안	3. 03	〃
72	孝思齋	裵尙志	〃	경북 안동	4. 07	제7권
73	時思齋	晉如蘭	〃	전북 남원	5. 05	〃
74	聚遠亭	全 淑	〃	충북 옥천	6. 02	〃
75	景義齋	沈元符	〃	경북 청송	7. 07	〃
76	駒城齋	李中仁	〃	경기 용인	8. 18	〃
77	桑村齋	金自粹	〃	경기 광주	9. 08	〃
78	慕先亭	朴 翊	〃	경남 밀양	10. 06	〃
79	淸襟亭	李 致	〃	경남 합천	11. 03	〃
80	景慕齋	田貴生	〃	충남 홍성	12. 01	〃
81	隨日齋	金 濟	〃	경북 상주	4330. 1. 05	〃
82	景慕齋	玉斯溫	〃	경남 의령	2. 02	〃
83	退隱亭	李 薿	〃	경북 영주	3. 02	〃
84	舞雩亭	蔡貴河	〃	경북 상주	4. 06	제8권
85	龍湖齋	范世東	〃	광주 북구	5. 04	〃
86	墨井書院	申德隣	〃	충북 청원	6. 01	〃
87	永慕亭	林 卓	〃	전남 나주	7. 06	〃
88	岐谷亭	林蘭秀	〃	충남 연기	8. 17	〃
89	聽之亭	鄭 熙	〃	광주 서구	9. 07	〃
90	景忠齋	都 膺	〃	충남 예산	9. 28	〃
91	白松齋	安 俊	〃	경북 예천	11. 02	〃
92	崇義齋	白 莊	고려 말 절신	전북 장수	12. 07	제8권

차례	곳	사 람	어떤 이	고 을	날 짜	한가락
93	日新齋	盧俊恭	고려 말 절신	광주 북구	4331. 1. 04	제8권
94	扶陽齋	金居翼	〃	충남 부여	2. 01	〃
95	麗日齋	孔 [illegible]	〃	전남 여수	3. 01	〃
96	風浴樓	成 溥	〃	전북 고창	4. 12	제9권
97	鶴陰齋	曺繼芳	〃	경남 창녕	5. 10	〃
98	永慕齋	程 廣	〃	광주 서구	6. 14	〃
99	常山齋	宋匡輔	〃	충북 진천	7. 05	〃
100	開雲齋	金先致	〃	경북 상주	8. 23	〃
101	齋洞書院	宋 侃	단종 충신	전남 고흥	9. 06	〃
102	懿德祠	車原頫	고려 말 절신	경기 평택	10. 11	〃
103	瞻慕齋	金九鼎	〃	경북 상주	11. 01	〃
104	直山齋	林 鷺	〃	경북 예천	12. 06	〃
105	松月祠	林先味	〃	전남 화순	4332. 1. 10	〃
106	松塢墓	金承露	〃	충남 연기	2. 07	〃
107	麗窩墓	徐 甄	〃	경기 의왕	3. 07	〃
108	道淵書院	許 麒	〃	경남 고성	4. 11	제10권
109	務安齋	兪 蒇	〃	경기 양주	5. 02	〃
110	崇義齋	張輔之	〃	경북 의성	6. 13	〃
111	月峴祠	朴 忱	〃	전남 영광	7. 04	〃
112	南谷齋	李釋之	〃	경기 용인	8. 22	〃
113	嵋南齋	趙 瑛	〃	전북 순창	9. 12	〃
114	謙川書院	趙 瑜	〃	전남 순천	10. 03	〃
115	華巖書院	白仁寬	고려 말 절신	대구 북구	11. 14	제10권

차례	곳	사 람	어떤 이	고 을	날 짜	한가락
116	享保齋	梁 祐	고려 말 절신	전북 남원	4332. 12. 05	제10권
117	淸溪書院	鄭天益	고려 충신	경남 진주	4333. 1. 09	〃
118	錦南齋	吳尙德	고려 말 절신	전북 남원	2. 13	〃
119	大興君墓	李連桂	〃	경북 의성	3. 05	〃
120	塹星壇	檀 君	개국 시조	인천 강화	4. 02	제11권
121	忠孝齋	李義碩	단종 충신	충북 청원	5. 07	〃
122	松軒墓	薛 馮	고려 말 절신	경기 용인	6. 04	〃
123	慕先齋	金允南	〃	경기 파주	7. 02	〃
124	白頭山	桓 雄	개천 상조	함경도	8. 04~06	〃
125	心源亭	全春源	조선조 선비	경남 거창	9. 03	〃
126	汾水齋	尹 瓘	고려 장군	경기 파주	10. 01	〃
127	山泉齋	李思敬	고려 말 절신	경북 김천	11. 05	〃
128	慕先齋	元 宣	〃	경기 의정부	12. 03	〃
129	斗山齋	許有全	고려 충신	인천 강화	4334. 1. 07	〃
130	忠慕齋	南乙珍	고려 말 절신	경기 양주	2. 04	〃
131	花園齋	石汝明	〃	충북 충주	3. 04	〃
132	石圃齋	金 路	〃	경기 여주	4. 01	제12권
133	松菴亭	朴門壽	〃	전북 남원	5. 06	〃
134	四可齋	李奎報	고려 선비	인천 강화	6. 03	〃
135	金笠墓	金炳淵	조선조 선비	강원 영월	7. 01	〃
136	南昌齋	孫孝貞	고려 말 절신	충남 논산	8. 05	〃
137	永慕齋	徐 開	고려 선비	충남 예산	9. 02	〃
138	延華祠	李元發	고려 말 절신	경기 용인	10. 07	제12권

차례	곳	사람	어떤 이	고 을	날 짜	한가락
139	履露齋	孫 策	고려 말 절신	전남 보성	4334. 11. 04	제12권
140	忠壯祠	南以興	조선조 장군	충남 당진	12. 02	〃
141	重先齋	宋 寅	고려 말 절신	전남 고흥	4335. 1. 06	〃
142	永思閣	羅繼從	〃	전남 나주	2. 03	〃
143	栗里祠	申 淇	〃	충남 서천	3. 03	〃
144	永思齋	李 棹	고려 개국공신	충남 연기	4. 07	제13권
145	時調碑	李義碩	단종 충신	충북 청원	5. 04	〃
146	鳳岡齋	尹莘達	고려 개국공신	경북 포항	5. 05	〃
147	春福齋	孫兢訓	〃	경남 밀양	6. 02	〃
148	太師祠	卜智謙	〃	충남 당진	7. 07	〃
149	歲一齋	韓 蘭	〃	충북 청원	8. 04	〃
150	德星堂	崔知夢	〃	전남 영암	9. 01	〃
151	武烈公墓	裵玄慶	〃	경북 칠곡	10. 06	〃
152	寒泉書院	全以甲 全義甲	〃	경북 달성	11. 03	〃
153	彌石齋	金宣弓	〃	경북 구미	12. 01	〃
154	敬思齋	柳車達	〃	광주 광산구	4336. 1. 06	〃
155	豊壤齋	趙 孟	〃	경기 남양주	2. 09	〃
156	太師墓	庾黔弼	〃	충남 부여	3. 02	〃
157	遠慕壇	朴英規	〃	충북 청주	4. 06	제14권
158	陵洞齋	權 幸	〃	경북 안동	5. 04	〃
159	松林齋	成思齊	고려 말 절신	경남 창녕	6. 01	〃
160	崇悳齋	金萱述	고려 개국공신	경북 구미	7. 06	제14권

차례	곳	사 람	어떤 이	고 을	날 짜	한가락
161	杜菴墓	全 賁	고려 말 충신	강원 정선	4336. 8. 03	第14권
162	城谷齋	張貞弼	고려 개국공신	경북 안동	9. 07	〃
163	追遠齋	邉安烈	고려 말 충신	경기 남양주	10. 05	〃
164	崇祖壇	李堅雄	고려 개국공신	충남 천안	11. 02	〃
165	台庄齋	金宣平	〃	경북 안동	12. 07	〃
166	敬收堂	李悤言	〃	경북 성주	4337. 1. 04	〃
167	慕隱壇	蘇格達	〃	경기 안성	2. 01	〃
168	慕麗壇	邉 肅	고려 말 절신	경기 포천	3. 07	〃
169	景慕祠	羅聰禮	고려 개국공신	전남 나주	4. 11	第15권
170	聚斯堂	金 佶	〃	전남 담양	5. 02	〃
171	篁山祠	崔必達	〃	강원 강릉	6. 06	〃
172	鶴山書院	朴允雄	〃	경남 울산	7. 04	〃
173	學士公墓	李 皐	고려 말 절신	경기 수원	8. 01	〃
174	戀主閣	康得龍	〃	경기 과천	9. 05	〃
175	壯景公壇	許宣文	고려 개국공신	경기 김포	10. 03	〃
176	鳳山祠	姜以式	고구려 장군	경남 진주	11. 07	〃
177	飮水齋	金方慶	고려 말 장군	경북 안동	12. 05	〃
178	仁興書院	秋 適	고려 말 선비	대구 달성	4338. 1. 09	〃
179	永慕堂	李湯休	고려 말 절신	전북 임실	2. 06	〃
180	湖隱墓	洪 演	단종 충신	경기 양주	3. 06	〃
181	景烈祠	鄭 地	고려 충신	광주 북구	4. 03	第16권
182	平章事公墓	朴元浤	〃	강원 인제	5. 01	〃
183	敬止齋	金 坵	고려 충신	전북 부안	6. 12	第16권

차례	곳	사 람	어떤 이	고 을	날 짜	한가락
184	龍安祠	李思之	고려 말 절신	경남 밀양	4338. 7. 03	제16권
185	陶隱齋	李崇仁	〃	경북 성주	8. 07	〃
186	龍岡祠	朴 諴	〃	경남 양산	9. 04	〃
187	崇義齋	李存仁	〃	경북 김천	10. 09	〃
188	望松齋	韓哲冲	〃	경남 합천	11. 20	〃
189	居平祠	魯 愼	〃	전남 나주	12. 04	〃
190	忠敬書院	廉致中	〃	전남 나주	4339. 1. 08	〃
191	書雲齋	金 綏	〃	경기 의왕	2. 05	〃
192	陶山齋	朴可興	〃	경기 남양주	3. 19	〃
193	永慕齋	池勇奇	고려 말 충신	충남 아산	4. 02	제17권
194	麥山齋	成仁輔	고려 충신	경남 창녕	5. 14	〃
195	玉溪書院	張安世	고려 말 절신	경북 구미	6. 03	〃
196	下松齋	金 起	〃	경북 구미	7. 02	〃
197	永慕齋	金七陽	〃	전남 강진	8. 06	〃
198	養眞堂	姜 蓍	〃	경북 안동	9. 03	〃
199	鳳停齋	申得淸	〃	경북 영덕	10. 01	〃
200	聖巖書院	柳 淑	고려 충신	충남 서산	11. 05	〃
201	明禮閣	柳惠孫	고려 말 절신	경기 고양	12. 10	〃
202	泮谷書院	鞠 襦	〃	전북 완주	4340. 1. 07	〃
203	忠義祠	申包翅	〃	전남 고흥	2. 04	〃
204	政丞公墓	任 珦	〃	충남 보령	3. 04	〃
205	忠簡公墓	尹 璜	〃	충남 당진	4. 01	제18권
206	鳴灘書院	李明誠	고려 말 절신	충남 공주	5. 13	제18권

차례	곳	사람	어떤 이	고을	날짜	한가락
207	文憲書院	崔安澤	고려 말 절신	경기 오산	4340. 6. 03	제18권
208	浮海亭	盧仁正	〃	경남 고성	7. 01	〃
209	長沙齋	金臣寶	〃	전북 고창	8. 05	〃
210	洛東書院	禹玄寶	〃	대구 달서	9. 02	〃
211	逸老公墓	金揚南	〃	경기 연천	10. 07	〃
212	典書公墓	柳從惠	〃	경북 안동	11. 04	〃
213	平章事公壇	柳 池	〃	전북 완주	12. 02	〃
214	追遠齋	宋 桂	〃	전남 담양	4341. 1. 06	〃
215	肅文齋	柳 渾	〃	전북 완주	2. 03	〃
216	慕忠齋	吳 僖	〃	전북 익산	3. 09	〃
217	嚴毅公壇	朴逑熙	고려 개국공신	경기 의정부	4. 06	제19권
218	謝臥齋	仝 順	고려 말 절신	경북 고령	5. 04	〃
219	泮亭齋	田子壽	〃	경북 울진	6. 01	〃
220	典書公墓	崔 濱	〃	경기 양주	7. 06	〃
221	桂林齋	崔有江	〃	경기 양평	8. 03	〃
222	兩樂亭	崔七夕	〃	전북 임실	9. 07	〃
223	東山祠	崔安雨	〃	전남 나주	10. 05	〃
224	驪江公墓	尹忠輔	〃	경기 양평	11. 02	〃
225	景慕齋	金若時	〃	경기 광주	12. 07	〃
226	典書公壇	徐 輔	〃	충남 천안	4342. 1. 04	〃
227	霞山祠	魏 种	〃	전남 장흥	2. 01	〃
228	竹林齋	曺大運	고려 말 절신	전남 담양	3. 01	제19권

차례	곳	사람	어떤 이	고 을	날 짜	한가락
229	德隱齋	趙仁璧	고려 말 절신	경기 파주	4342. 4. 05	제20권
230	景雲齋	張天永	〃	강원 동해	5. 03	〃
231	武陽書院	崔允德	〃	광주 광산	6. 07	〃
232	孤竹齋公壇	趙安卿	〃	경기 연천	7. 05	〃
233	牛山書院	金臺卿	〃	전남 무안	8. 02	〃
234	誠久祠	卞 贇	〃	경남 마산	9. 06	〃
235	五忠祠	宣允祉	〃	전남 보성	10. 10	〃
236	世德祠	卓光茂	〃	경북 안동	11. 08	〃
237	琴隱公墓	李陽昭	〃	경기 연천	12. 06	〃
238	敬慕齋	金 恂	고려 말 충신	경기 안양	4343. 1. 10	〃
239	賢慕齋	閔 愉	고려 말 절신	경기 김포	2. 07	〃
240	世德祠	孟希道	〃	충남 아산	3. 07	〃
241	永慕齋	金永煦	고려 말 충신	충북 청원	4. 11	제21권
242	上黨祠	郭 樞	고려 말 절신	충북 청주	5. 02	〃
243	都摠制公墓	朴德公	〃	경기 의정부	6. 13	〃
244	永慕齋	蔡玉澤	〃	전북 군산	7. 04	〃
245	永雲齋	宋 郊	고려 말 충신	전북 정읍	8. 08	〃
246	趙琴隱公墓	趙 悅	고려 말 절신	경남 함안	9. 05	〃
247	東岡公墓	李 隣	〃	강원 원주	10. 03	〃
248	松菴公墓	金 秩	〃	충남 아산	11. 07	〃
249	學堂齋	金成牧·金休	〃	충남 연기	12. 05	〃
250	李舍人公壇	李 蕃	〃	전북 익산	4344. 1. 09	〃
251	湘水齋	洪 智	〃	경기 양주	2. 06	〃
252	奉哥池	奉 佑	고려 충신	인천 강화	3. 06	제21권

차례	곳	사 람	어떤 이	고 을	날 짜	한가락
253	源仁齋	許 謙	인천이씨 시조	인천 연수구	4344. 4. 03	제22권
254	溫水君神壇	方 雲	온양방씨 시조	충남 아산	5. 01	〃
255	龍岡齋	尹 威	남원윤씨 시조	전남 구례	6. 12	〃
256	慕先祠	鄭普天	온양정씨 시조	충남 아산	7. 03	〃
257	始祖公壇	趙 岑	양주조씨 시조	서울 강북구	8. 21	〃
258	始祖公壇	李敦守	덕수이씨 시조	충남 아산	9. 04	〃
259	龍田齋	徐 稜	이천서씨 효자	전남 장성	10. 09	〃
260	東谷書院	趙 愼	고려 말 절신	충남 부여	11. 06	〃
261	渡東齋	蔣 壻	아산장씨 시조	충남 아산	12. 04	〃
262	判事公壇	李守仁	고려 말 절신	경기 평택	4345. 1. 08	〃
263	遠慕齋	全 信	〃	인천 강화	2. 05	〃
264	節制使公墓	李 沃	〃	경기 포천	3. 04	〃
265	海巖亭	沈東老	삼척심씨 시조	강원 동해	4345. 4. 01	제23권
266	慕賢齋	睦孝基	사천목씨 시조	서울 도봉구	5. 12	〃
267	梅山書院	文益漸	고려 말 절신	경기 여주	6. 16	〃
268	三莊齋	金子進	〃	전남 나주	7. 07	〃
269	思陽影堂	李公升	고려 충신	충북 진천	8. 11	〃
270	苾芬齋	邊 靜	고려 말 절신	전남 장성	9. 01	〃
271	典書公墓	朴元象	〃	대전 동구	10. 13	〃
272	慕先齋	崔原儒	고려 충신	충북 충주	11. 03	〃
273	追遠齋	田得雨	고려 말 절신	충남 부여	12. 01	〃
274	雙明齋	李仁老	고려 충신 문장가	경남 의령	4346. 1. 05	〃
275	西河公墓	林 椿	〃	인천 서구	2. 02	〃
276	楡川齋	崔文漢	고려 말 절신	강원 강릉	3. 09	제23권

차례	곳	사 람	어떤 이	고 을	날 짜	한가락
277	燕歧大捷碑	金 忻	고려 장군	세종 연서	4346. 4. 06	제24권
278	龍江書院	朴 犀	〃	경기 고양	5. 04	〃
279	惕若齋公壇	金九容	고려 충신	경기 포천	6. 08	〃
280	追遠齋	崔立之	〃	강원 강릉	7. 06	〃
281	省農公墓	全思安	고려 절신	인천 강화	8. 10	〃
282	鼎井齋	禹 倬	고려 충신	경북 안동	9. 07	〃
283	世德祠	趙 冲	고려 장군	강원 횡성	10. 05	〃
284	永慕齋	金得和	〃	경북 상주	11. 02	〃
285	文景齋	李存吾	고려 충신	서울 서초구	12. 07	〃
286	霜露齋	朴尙衷	〃	전남 나주	4347. 1. 04	〃
287	文懿公墓	朴 恒	〃	강원 춘천	2. 08	〃
288	慕省齋	柳公權	고려 충신	경기 포천	3. 08	〃
289	文學臺	李文挺	고려 절신	전북 전주	4347. 4. 06	제25권
290	孫乭公墓	孫 乭	고려 충신	경기 김포	5. 10	〃
291	執義公壇	禹洪得	〃	강원 영월	6. 14	〃
292	松山齋	鄭 矩	고려 절신	경기 의정부	6. 29	〃
293	判書公壇	禹洪命	고려 충신	대구 달서	8. 09	〃
294	大提學公壇	禹洪壽	〃	대전 유성	9. 13	〃
295	安子墓	安 珦	〃	경기 의왕	10. 11	〃
296	象山齋	徐 熙	고려 장군	경기 여주	11. 01	〃
297	益齋公壇	李齊賢	고려 충신	경기 용인	12. 06	〃
298	金就呂 將軍墓	金就呂	고려 장군	인천 강화	4348. 1. 10	〃
299	寒泉齋	尹 侅	고려 충신	경기 시흥	2. 14	〃
300	永慕齋	李碩才	고려 초신	충남 공주	3. 07	제25권

차례	곳	사 람	어떤 이	고 을	날 짜	한가락
301	景遠祠	李子蒝 三兄弟	고려 충신	세종 전의	4348. 4. 04	제26권
302	景芸祠	李彦冲	〃	경기 여주	5. 02	〃
303	龍巒齋	梁朱雲	〃	전북 남원	6. 13	〃
304	典農正公墓	李 雄	고려 절신	경북 안동	7. 11	〃
305	追遠齋	安文凱	고려 충신	경북 영주	8. 08	〃
306	遠慕齋	裵 矩	고려 절신	충북 영동	9. 05	〃
307	慕道齋	裵晉孫	〃	경북 성주	10. 10	〃
308	直提學公墓	裵尙度	〃	경기 파주	11. 07	〃
309	永慕庵	安永儒	고려 충신	경북 영주	12. 05	〃
310	典書公墓	裵尙恭	고려 절신	경북 안동	4349. 1. 09	〃
311	武烈祠	裵乙瑞	고려 절신	전남 나주	2. 13	제26권
312	學亭書院	洪 鵬	조선조 선비	전북 임실	4. 09	제27권
313	報遠齋	李達衷	고려 충신	경북 안동	5. 21	〃
314	文簡公墓	李 挺	〃	충북 진천	6. 18	〃
315	永思齋	朴元龍	고려 절신	충북 영동	7. 09	〃
316	判書公墓	朴長生	〃	충북 음성	8. 06	〃
317	追遠亭	李作臣	고려 충신	경남 합천	9. 03	〃
318	退庵祝祭	金居翼	고려 절신	충남 부여	9. 30	〃
319	義易堂	禹仲大	고려 충신	충북 단양	11. 12	〃
320	巖灘公墓	李養蒙	고려 절신	경기 광주	12. 03	〃
321	釣隱公墓	柳 珣	〃	경기 고양	4350. 1. 07	〃
322	易菴公壇	成士達	고려 충신	경기 양주	2. 04	〃
323	懿德祠	車安卿	고려 절신	경기 평택	3. 04	제27권

한가락모임 회원

차례	아 호	이 름	하는 일	한가락
1	벽고(碧皐)	장대열(張大烈)	중등학교 교사	제1권
2	여산(汝蒜)	이병진(李炳振)	회사 경영	〃
3	해봉(海峯)	홍종련(洪鐘連)	국회자문위원	〃
4	옥마(玉馬)	신광철(申光澈)	외국어교육진흥원장	〃
5	함주(咸州)	이재철(李在徹)	롯데건설 소장	〃
6	청잠(菁岑)	이기현(李基昡)	이향동근회 연구실장	〃
7	고룡(古龍)	맹치덕(孟致德)	중등학교 교사	〃
8	욕천(浴川)	최장호(崔章鎬)	건강보험심사평가원	〃
9	노산당(魯山堂)	전향아(全香阿)	한가락 총무	〃
10	웅천(熊川)	최정환(崔正煥)	중등학교 교사	〃
11	고천(孤川)	김종열(金種悅)	중등학교 교사	〃
12	귀원(龜原)	김한기(金漢基)	중등학교 교사	〃
13	두고(斗皐)	홍봉성(洪鳳性)	국방부 과장	제2권
14	계천당(桂川堂)	이화용(李華鏞)	초등학교 교사	〃
15	갑고(甲皐)	홍영표(洪永杓)	대학 교수	제3권
16	문원(文園)	김경미(金京美)	대학원생	〃
17	소정(蘇亭)	이정웅(李正雄)	중등학교 교사	〃
18	동원(東原)	조형증(趙亨增)	세동실업 근무	제4권
19	청운(青雲)	정성심(鄭成心)	중등학교 교사	〃
20	소운(昭云)	정연경(丁燃敬)	추사체연구회 이사	제5권
21	노봉(蘆峯)	유인수(柳仁秀)	중등학교 교사	〃

차례	아 호	이 름	하는 일	한가락
22	서봉(瑞峰)	조철식(趙徹植)	중등학교 교사	제6권
23	안일당(安一堂)	이원희(李元熙)	동천서숙 총무	〃
24	설전(雪荃)	임준신(任準臣)	설전화실 원장	〃
25	우인(又仁)	경우수(慶佑秀)	자영업	제7권
26	세화(世華)	정무진(丁武鎭)	중등학교 교사	〃
27	소곡(蘇谷)	김길웅(金吉雄)	중등학교 교사	제9권
28	석초(石艸)	홍오선(洪五善)	중등학교 교사	〃
29	청송(青松)	송화엽(宋和曄)		〃
30	매현(梅峴)	김낙원(金洛元)	서예학원 원장	제10권
31	심계(深溪)	이우원(李雨源)		제11권
32	예주(瀛州)	김영기(金榮基)	한의원 원장	제13권
33	가산(佳山)	임봉훈(任奉壎)	대한전기공업사 대표	제15권
34	서원(西原)	김용대(金容大)	서울진양주식회사 대표	제16권
35	현정(賢亭)	정현정(鄭賢禎)	서예가	제17권
36	삼우당(三又堂)	장선숙(張善淑)	서예가	〃
37	청담(青潭)	민영순(閔永順)	한국서가협회 초대작가	〃
38	해월(海月)	채현병(蔡賢秉)	초등학교 교사	제19권
39	시우(時雨)	이경희(李京姬)		제21권
40	오남(梧南)	이종관(李鍾寬)	변호사	제22권
41	서천(抒洊)	조경휘(趙京彙)	서예가	제27권

≫한가락 모임 지은이≪

최권흥 맹치덕 최장호 전향아 홍영표 이원희

임준신 경우수 임봉훈 이종관 조경휘

한가락 시조집 ㉗

고려 마초ᄋᆞᆸ사이다

2017년 4월 20일 초판1쇄 인쇄
2017년 4월 28일 초판1쇄 발행

지은이 한가락 모임
펴낸이 김 영 환
펴낸곳 도서출판 다운샘
주소 05661 서울특별시 송파구 중대로27길 1(오금동)
전화 (02) 449-9172 팩스 (02) 431-4151
E-mail : dusbook@naver.com
등록 1993. 8. 26. 제17-111호

ISBN 978-89-5817-371-7 04810
ISBN 978-89-5817-245-1 (세트)

값 17,000원